培训师

成长修炼实操手册

落地版

罗　芳◎编著

中国铁道出版社有限公司
CHINA RAILWAY PUBLISHING HOUSE CO., LTD.

图书在版编目（CIP）数据

培训师成长修炼实操手册：落地版 / 罗芳编著. —北京：中国铁道出版社有限公司，2022.8
ISBN 978-7-113-29139-6

Ⅰ.①培… Ⅱ.①罗… Ⅲ.①职业培训-手册 Ⅳ.①C975-62

中国版本图书馆 CIP 数据核字（2022）第 080048 号

书　　名：**培训师成长修炼实操手册（落地版）**
PEIXUNSHI CHENGZHANG XIULIAN SHICAO SHOUCE (LUODIBAN)
作　　者：罗　芳

责任编辑：王　宏　**编辑部电话**：（010）51873038　**编辑邮箱**：17037112@qq.com
封面设计：宿　萌
责任校对：孙　玫
责任印制：赵星辰

出版发行：中国铁道出版社有限公司（100054，北京市西城区右安门西街 8 号）
印　　刷：北京铭成印刷有限公司
版　　次：2022 年 8 月第 1 版　2022 年 8 月第 1 次印刷
开　　本：710 mm×1 000 mm　1/16　**印张**：15.25　**字数**：202 千
书　　号：ISBN 978-7-113-29139-6
定　　价：69.80 元

前言

在现代社会中，有这么一类人，通过教授他人专业知识而获得报酬，他们就是培训师。在大部分人的认知中，培训师就是讲授知识，获得学员认可，提升学员能力的一份职业。

的确是如此！不过，现实中很多培训师发现，在培训过程中学员对课程不感兴趣，参与培训不积极，自己费心教学得到的评价却不如预期。这是为什么呢?

可能一些培训师认为只要是知识，学员就会愿意学习。这显然是一个错误的观点，在专业培训课程中，学员总是希望学习到的知识都是自己需要的、自己不会的、自己困惑的，这样才有助于提升自我。所以，当学员认为课程内容与自己无关时，就可能对课程丧失兴趣。

为此，笔者建议从以下三个方面来提升培训师课程的趣味性。

- 培训内容是否对学员的生活、工作具有指导性——培训需求。
- 培训师自身是否专业——培训自我管理。
- 培训方式是否受学员喜欢——培训方式。

简单来说，培训师想要让学员喜欢自己的课，首先自身要做一名合格、专业的培训师，从学员的需求出发，讲授学员需要的知识，并以合适的培训方式进行讲授。这样才能得到学员的认可与尊重，让学员从心里喜欢上你的课。

本书共 9 章，可大致划分为四部分。

◆ 第一部分为第 1 章，这部分是培训前应做的准备工作，包括自我了解，培训师专业形象打造，以及了解分析学员特点。

- 第二部分为第 2 ~ 3 章，这部分属于培训课程开发，主要包括培训需求调查和培训课程设计两大部分，目的在于设计出学员真正需要的课程内容。
- 第三部分为第 4 ~ 8 章，这部分为培训讲授方式介绍，包括课前准备工作、课前导入、课中控场、课后总结以及培训结束后的效果评估，帮助培训师提升自己的授课能力。
- 第四部分为第 9 章，这部分为能力提升，主要介绍一些培训工具帮助提升或简化培训工作，让培训更简单。具体包括演示文稿的操作介绍、PPT 制作技巧以及一些培训工具介绍。

本书内容丰富，既包括了各种实用的培训课程知识，也涵盖了多种培训技能。此外，书中还加入了大量的培训实例，在丰富内容的同时，也能加深读者对知识的理解，降低阅读枯燥感，让读者在一种轻松有趣的阅读氛围中学习本书的知识，让实用的知识真正做到落地。

最后，希望所有读者都能从本书中学到想学的知识，快速成长为一名专业的培训师，轻松完成培训。

编　者

2022 年 5 月

目录

第 1 章　做培训前，先“知己”再“知彼”

俗话说“知己知彼，百战不殆”，这句话在培训中同样适用。培训师在培训之前，应该对培训师这一身份有足够的认识和了解，其次还要掌握自己学员的情况，才能为后期的培训课程打好坚实的基础。

第 2 章　需求调查，了解学员真实的需求

需求调查是培训前的第一步，也是重要的一步。只有准确了解了学员们真实的培训需求状况，才能制定出符合实际需要的培训课程，帮助他们提高自己，从而提高培训项目的质量。

第 3 章　课程设计，制订培训课程大纲

课程设计对培训活动非常重要，它直接关系到培训的内容、培训的质量以及培训的效果，所以培训师需要慎重对待，精心设计出符合实际情况，且具有吸引力的课程。

第 4 章　提前准备，才能不怯场

课程内容设计完成之后，还不能开始培训，培训师还要为培训提前做一系列的准备工作。准备工作越充分，培训师的底气越充足，才能不怯场，让自己在培训过程中更放松。

第 5 章　课前导入，好的开始是成功的一半

培训师讲课的第一步是课程导入，好的课程导入可以提升教学的质量和学员学习的效果。而如何巧妙、自然地导入课程是对培训师的考验，需要讲究一定的方式方法，本章来重点学习课前导入。

第6章 课中控场，掌握课堂节奏

作为一名培训师，在课程讲述的过程中，要注意控场，如果培训师不能控制好节奏，不能有意识地引导学员拓展思路，那么必然会影响培训的效果。

第 7 章 结尾设计，使人印象深刻意犹未尽

一堂完美的培训课，结尾的设计也非常重要，好的结尾可以让人印象深刻，使整个培训更精彩，让人意犹未尽。因此，每一位培训师都必须掌握精彩结尾的设计方法。

第8章　效果分析，客观评估培训效果

培训课程结束，并不意味着培训真正的结束，培训师还需要做培训后的效果分析。效果分析指培训师需要追踪学员们培训后的实际情况，查看学员们的实际培训效果，以便改进或完善培训方式。

第9章 巧用工具，让培训与时俱进

培训师在培训过程中常常会用到一些培训工具，除了简单的白板、课件之外，还可能会用到一些多媒体工具，这些工具可以让课程内容更丰富，也可以让学生更轻松地理解内容。因此，培训师需要掌握这些工具的使用方法。

第1章

做培训前，先“知己”再“知彼”

俗话说“知己知彼，百战不殆”，这句话在培训中同样适用。培训师在培训之前，应该对培训师这一身份有足够的认识和了解，其次还要掌握自己学员的情况，才能为后期的培训课程打好坚实的基础。

1.1 认清自己，找准定位

培训师是一个怎样的角色呢？很多人将其简单理解为授课的老师，其实不然，培训师的课程针对性更强，也更具实用性。培训师的授课是以企业和学员的实际需求出发，结合市场的需求变化，针对性开展的一系列培训课程。这就对培训师提出了更高的要求，因此，每一位培训师在培训之前都应该精准定位，认清自己。

1.1.1 培训师是一个什么样的角色

不同的角色，负有不同的职责，尤其对培训而言。培训师是一个复杂的多角色综合体，只有明确了这些角色，培训师才能真正找到自己的职责和工作意义。

不管是企业培训师还是职业培训师，通常都扮演了三种角色，即知识和技能的分享者、培训课程设计者和培训活动表达者。

首先，来看看知识和技能的分享者这一角色定位。培训师通常是所处行业中的佼佼者，或是通过长时间的接触了解，具备丰富经验的专业者，以讲授的方式将自己的个人经验和体系化的经验总结，分享给他人，从而提高学员在这一领域中的专业技能。这是培训师培训的宗旨和核心。

其次，培训师还是培训课程设计者，需要根据自己的培训内容设计制作培训课程，可以是原创课程，也可以选择其他原有课程进行改编，以便让培训课程能够更适应培训的节奏和实际需求。这就要求培训师必须具备课程开发设计的能力，包括课程大纲制作、课程内容策划以及课件制作等。

最后，培训师还是培训活动的表达者，需要进入课堂，通过自己的语言、动作和表情等的表达，让学员快速了解并掌握相关的知识内容。这就要求培训师需要具备优秀的表达能力、表现能力和控场能力。

1.1.2 学员才是培训的主体，培训师为辅

很多人在了解了培训师的角色内容后，会对培训产生误解，认为培训应该以培训师为中心，引导学员学习。实际上，这一想法是错误的。在培训中学员才是培训的主体，任何的培训课程和内容都是为学员服务的，目的是引导学员能更好更快地学习、掌握专业知识和技能，而培训师只是作为辅助，对学员们起到引导的作用。

这一点，我们可以从培训流程来理解，具体如下：

①学员自己或公司发现学员在某方面存在不足，需要培训，找寻对应的培训师。

②培训师分析学员的专业欠缺情况，设计对应培训课程，随后开展对应的培训活动。

③培训课程结束，培训师检查审核学员的培训结果。

从上述流程可以看到，培训是以学员的需求出发，结合学员的实际情况进行分析、设计并开展的。由此说明，培训活动应该以学员为主体，培训师为辅。

如果以培训师为主体，根据培训师个人的经验来设计并开展培训活动，而不考虑学员的实际情况，很容易使培训发生偏差，出现培训结果偏离学员实际需求的情况。

综上所述，学员才是培训过程中的主体，培训师则是培训过程中的引路者，帮助学员找到学习方法，达成学习目标，培训师切忌在培训过程中喧宾夺主。

1.1.3 培训师需要达到的要求

培训师需要传授专业知识给学员，这就要求培训师自身需要具备一定的能力。培训师需要达到的要求分为两类：一类是授课基础能力；另一类是专业技能。下面我们来分别介绍。

◆ 授课基础能力

授课基础能力指培训师在培训活动开展过程中需要具备的基础性能力，是所有培训师都需具备的能力，包括但不仅限于下列这些：

①能根据学员的需求进行分析，设计培训课程，制订培训方案。

②具备较强的课程开发和分析能力。

③具备较好的语言表达能力，咬字清晰，逻辑能力强。

④具备良好的语言沟通能力。

⑤具备良好的管理能力，能够应对培训过程中的突发事件。

⑥具备良好的亲和力，能快速与学员建立良好的师生关系。

◆ 专业技能

专业技能要求指培训师需要具备所培训行业的专业技能，包括丰富的理论知识和实践知识。以某招聘网中的中点厨师培训师为例，要求培训师需具备中点（如包子、饺子及花卷等）专业的理论和实操教学知识，还要求培训师具备熟练的面点制作技术，能够独立完成教学。

有时候，为了体现培训师的专业能力，还会要求培训师具备相关专业的职业证书。

1.2 仪容整理，塑造专业形象

培训师是培训中的关键人物，在整个培训活动中，学员们的目光大部分时间都会聚集在培训师身上，这就要求培训师需具备一个良好的专业形象，一方面增强培训师的端庄感，另一方面也能提升专业度。

1.2.1 得体的服饰可以提升专业感

人靠衣装，一套得体的服饰可以帮助培训师更快进入角色，建立专业感。培训师是一名教师，在着装方面应该以简单、大方、端庄为宜，下面我们从男性和女性的角度分别介绍培训师的服饰特点。

1. 男培训师着装

男培训师的着装整体上要求简单、干净、整洁。具体来看，包括发型、西服、衬衣、袜子和皮鞋。

◆ 发型

男培训师发型要求简单、干练、利落，主要以短发为主。需要注意的是，无论是男士还是女士，都应该保持良好的卫生习惯，男士尽量每天洗头，避免出现大量头屑、头发油腻的情况，从而导致自己形象受损。

◆ 西服

男培训师的服装通常以西服为主，因为西服给人以得体、大方、正式的感觉，能提升专业感。但是，穿西服也要注意细节，不合适的西服反而会降低信任感。

①西服一定要合身，最重要的是肩部，肩部应该和肩膀同宽，不能过长，也不能过高。

②西服领口与衬衣领口之间的距离不能过大，如果过大则说明西服不合身。

③查看西服的胸围是否合适，如果系上纽扣，双手依然能在胸前自由活动，则说明比较合适。

④西服衣袖的袖口开口15厘米左右，衬衣袖口露出外套袖口1厘米，这样比较协调。当西服袖筒垂直时，上臂处不能出现横向褶皱。

⑤裤子不宜过长，时下比较流行的长度是刚好到鞋帮处，九分西裤更新潮，适合一些年轻的男培训师。

⑥搭配领带时，颜色应以纯色为主，图案以几何形为宜。

⑦西装的颜色较多，但从培训师这个角度来看，以藏蓝色、灰色和浅灰色为主，更显庄重。

⑧西服纽扣的扣法，如果是两粒扣子的西装，只扣最上面一粒；三粒扣子的西装扣最上面一粒和中间一粒。但无论两粒扣子还是三粒扣子的西装不可全部都扣上。站立的时候不可不扣扣子，坐下的时候可以把西装的扣子打开。双排扣的西装扣子全部扣上。

◆ 衬衣

男士西服通常内搭衬衣，衬衣主要注意两点：一是尺寸；二是颜色。

从尺寸来看，衬衣合不合身主要查看表 1-1 所示的三点。

表 1-1 衬衣合身的要点

要点	说明
衣领的尺寸	衬衣衣领刚好接触脖子周围的皮肤，但不会有勒紧的感觉，合适的领口应能轻松放进三根手指
胸围的尺寸	合适的衬衫胸围尺寸是保证门襟平整，轻微活动不会露出皮肤，平举双手时双肩不会有紧绷或松垮的感觉
袖长的尺寸	合适的袖长是放下来到虎口处，衬衫袖子应比西装袖子长出 1 厘米左右

衬衣的颜色主要以浅色为主，包括白色、浅蓝等。注意，衬衣一定要保持整洁，熨烫平整。

◆ 袜子

袜子的要求主要有三点，分别是颜色、材质和长度。通常袜子的颜色以黑色、深棕色和深蓝色为主，忌白色和彩色袜子；袜子的材质主要是纯棉；袜子的长度要足够长，保证蜷腿时不露出腿。

◆ 皮鞋

皮鞋的要求主要在于颜色，要求与西服形成搭配，不能够过于突兀，通常以黑色皮鞋为主。

2. 女培训师着装

女培训师的着装包括发型、妆容、服装、饰品和鞋子五个方面，整体上要求简单、大方和端庄。

◆ 发型

虽然女培训师的发型不必和男培训师一样短发，但要求女培训师的头发要干净、整洁，不能过于毛躁、凌乱。如果有染发，也应尽量避免过于鲜艳的颜色，例如绿色、红色、蓝色等，应以沉稳、干练的颜色为主。

◆ 妆容

女培训师可以带妆上课，显得更精神，但是应该以淡妆为主，不宜过浓。也可以涂指甲，但是不宜太过夸张，以清透裸色系为主。

◆ 服装

女培训师的服装以职业装为主，可以裤装也可以裙装，主要有两点需要注意：一是颜色，整体色彩上可以考虑灰色、深蓝、黑色、米色和白色等较沉稳的色系，给人留下干练、干净的印象；二是款式搭配，包括复杂与简单，经典与现代等。

实际的搭配中，女培训师可以按照以下几种方式来进行穿搭：

①直接穿职业套装，减少搭配出错的机会。选择职业装的时候一定要保证整套衣服干净整洁。

②套装容易显得死板，上下装搭配可以避免死板，但搭配时要注意颜色。比较安全的搭配有“藏青色 / 黑色 + 浅棕色 / 浅灰色”“白色 / 米色 + 浅灰色 / 浅棕色 / 裸色”。

③基础裙装可以省去搭配的苦恼。简洁的基本款裙装配上合适的鞋子，比裤装搭配会更具备商务休闲风格的特点。例如，衬衫裙、裹裙和伞裙等，只要长度适宜，就能体现出端庄感。

◆ 饰品

女培训师可以佩戴饰品，包括发饰、耳饰、项链、戒指和丝巾等。适当添加饰品，可以让整体造型显得活泼，有特色。但是注意，饰品数量上不宜过多，注意简洁，其次要注意搭配，不可过于花哨。

◆ 鞋子

在鞋子方面，通常以黑色或大地色为主，便于搭配且不易出错。在材质选择上，选择漆皮更有质感，同时要避免装饰复杂的款式。如果是选择高跟鞋，应以舒适度为主，因为培训师授课时大部分时间都需站立，所以选择舒适实用的鞋子更好。

1.2.2　表情管理是培训师的基本技能

表情指人的面部形象表现，培训师的面容表情能够传递出很多信息，会影响学员的学习状态。这就要求培训师针对不同的培训内容和具体情况，做出适合的表情，也就是表情管理。

表情管理包括三部分，即面容表情、眉目表情和嘴唇表情，主要是通过五官的变化引起的表情变化，例如表示愤怒时，双眼圆睁、双眉竖起、嘴唇紧闭。

培训师不同的表情变化会给学员带来不同的影响。面容和蔼可亲的表情，能使大多数学员从内心感到可亲可信，缩短师生之间的心理距离，从而乐意接受培训师的教诲；庄重和端庄的表情，可能会使部分学员内心产生畏惧不适应，但经过一段时间后，大部分学员都能理解培训师教学认真，对学生要求比较严格；活泼和变化丰富的表情，能够充分感染学员的学习情绪。

但无论是哪种类型的表情，培训师都应该注意做好表情管理，不能出现不屑、厌恶及惊恐等表情。在实际中可以从以下四点来对表情进行管理。

①避免完全放松脸部肌肉。当人的脸部表情完全放松时，本应该是无特殊表情的，但从视觉效果上来看，传达出的情绪不够积极。为了看起来更积极，即便有消极情绪，有时候也需要微笑时保持嘴角上扬的幅度，这样看起来更亲近。

②眼睛避免睁得过大。当人的眼睛睁大时的表情，通常与负面表情相关，

例如惊讶、恐惧和愤怒等。所以培训师应该尽量避免睁大双眼，相比之下，眯眼更接近微笑这类具有亲和力的表情，会使人更放松。

③不要回避他人目光。对话过程中尽量保持直视对方眼睛。谈话有趣有效的基础是双方平等对话，回避目光会把自卑和胆怯暴露出来。甚至目光闪烁会让对方产生不真诚、不可靠的印象。

④避免消极的小表情。也就是前面提到的瘪嘴、不屑和皱眉头等表情，尤其是成年人，这些小表情流露的时候代表着内心的压力、不满、鄙视和厌恶等。

培训师是一个需要长时间沟通和交流的职业，必要的表情管理，能够帮助培训师更快拉近与学员之间的关系。

1.2.3 手势表达也是关键

肢体语言是培训师培训过程中比较常用的一种表达技巧。肢体语言中，培训师使用最多的就是手势语言，手势语言可以体现培训师当下的情绪，缓解培训师的紧张，也能提升培训师的气势。

手势分为四种类型，即指示型手势、数字型手势、描述型手势和情感型手势。

1. 指示型手势

指示型手势通常发生在培训师邀请学员回答问题，或是指挥学员做什么事情时。通常邀请人回答问题时，左或右臂伸直，手指并拢，并且手掌的朝向不能朝上或朝下，用左手时手掌掌心向右略向上，用右手时手掌掌心向左略向上，如图 1-1 所示。

图 1-1　指示型手势

2. 数字型手势

数字型手势多用于数字表达时，属于比较简单、运用比较广泛的一种手势。例如培训师总结这节课程有几个重点时，可能会运用数字型手势。常见的数字型手势，如图 1-2 所示。

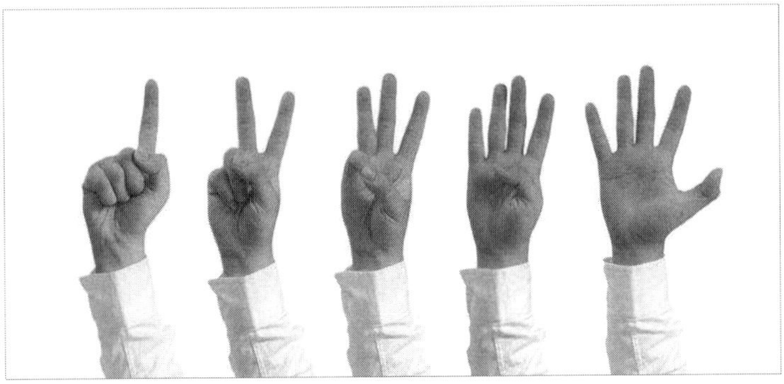

图 1-2　数字型手势

3. 描述型手势

描述型手势指培训师在授课过程中出现的帮助内容描述的手势，通常是以手势来描述其外形，以便将抽象的内容具体化，帮助学员理解，并加深印象，如图 1-3 所示。

图 1-3　描述型手势

4. 情感型手势

情感型手势是表达培训师情感变化的手势，能快速地向学员传达自己的情绪，包括赞美、鼓励等。情感手势能帮助培训师更好地抒发情感，让培训师的语言在手势带动下与内容相关联，更加应景，推动学员心理与培训师心理的联动，如图 1-4 所示。

图 1-4　情感型手势

培训师在使用手势表达时要注意以下几点，避免因为手势而引起学员的反感：

①手势不要过于夸张和刻意。

②在课堂中避免手势过多，或重复多次使用。

③运用手势时要注意与语言的搭配和协调，注重自然。

④做手势时手里不要把握物品，影响手势的效果。

1.2.4　课堂交流离不开眼神交流

培训师在课堂中离不开与学员之间的眼神交流，正确的眼神交流可以促进培训师与学员之间的有效沟通，使彼此之间更信任，从而提升培训效果。

但是，很多培训师新人由于缺乏经验，所以往往不知道怎样与学员进行目光交流，比较常见的就是只看一个方向，或者是目光全场环视。这些都是培训师不自信的表现。想要正确通过眼神与学员完成交流沟通，培训师就要提升自信心，勇敢与学员对视交流，建立信任，增进情感。在实际培训中，通常有以下六种眼神交流的方法，见表 1–2。

表 1–2　眼神交流的方法

方法	说明
仰视	从下往上看对方，表示尊重的态度
平视	与对方处于同等高度对视，表示双方平等的态度
俯视	从上往下看对方，表示威严的态度
直视	双眼直接对着对方的眼睛，长时间注视，属于指定性的表达
虚视	眼神在多人之间流转，没有聚集在某一人或某一点上，属于无指定性的表达
环视	眼神是移动的，方向上可能是从左向右，也可能从前向后，还有可能从近向远，表达对象或内容转换

这六种眼神分别具有不同的含义，在培训过程中也会产生不同的效果。作为一名优秀的培训师应在了解这些眼神作用的基础上，准确把握并运用。通常在实际培训过程中，培训师在与学员眼神交流时平视、虚视、环视和直视运用得比较多，很少会用到俯视和仰视。

另外，在眼神交流过程中还需要注意以下几点：

①培训师如果用直视交流时，不要只注意一个或几个学员，而忽略了其他学员。

②在交流过程中注意多用眼神给予学员鼓励，不要流露出负面的表情，例如蔑视。

③当学员回答问题错误时，也需要用眼神给予肯定和鼓励，不要打消学员的积极性。

1.3 了解学员，才能因材施教

每一个学员都有不同的性格和特点，作为一名培训师应该积极分析，了解学员的性格特点，才能对不同的学员分别采取适合他们的教育策略和方式，从而增强培训效果。

1.3.1 快速区分学员的个性

虽然一个人的性格不能像五官特点一样直观地反映出来，但是性格会在潜意识中不知不觉地对其行为和习惯产生影响，培训师恰好可以利用这些行为和习惯对学员的性格做出大致判断。

辨别学员性格的方法有很多，这里介绍两种简单且实用性较强的方法。

◆ 颜色辨别法

根据色彩心理的说法，人们对一种颜色的偏爱往往不会轻易发生改变，所以根据喜欢的颜色或色系，可以大致看出一个人的性格特点。不同的颜色代表了不同的性格，具体见表 1-3。

表 1-3 不同颜色对应不同的性格

颜色	性格说明
红色	红色通常说明人比较热情、感性，善于交际，积极乐观，表达能力较强，属于外向型性格，但情绪波动较大，容易冲动
黄色	黄色说明上进心很强，喜欢追求新事物，讨厌一成不变的事物，较强的好奇心，很理性，但耐心不够，容易自负骄傲
蓝色	蓝色说明比较冷静，善于分析，思维缜密，考虑周全，但是容易因小失大，要求苛刻，不能随机应变
绿色	绿色说明比较宽容大度，善解人意，适应性较强，但是也容易妥协，过于谨慎，行动力较弱
白色	白色说明比较温柔，理想主义，喜欢自由、随意、轻松，但过于理想化，容易不切实际，且自由懒散
灰色	灰色追求高雅，具有较强的审美观，凡事喜欢为别人着想，与人方便，性格内向，不喜欢张扬，欠缺勇气，没有主见

◆ 动作辨别法

每一个人的性格都不一样，而不同的性格其实是可以从日常的言谈举止细节表现中去判断。因此，培训师可以细心地观察学员们日常的动作习惯去判断其性格特点。

那么如何从习惯动作来看一个人的性格特点呢？下面我们介绍一些日常中比较常见的动作语言。

说话时习惯用手遮口。如果学员在说话时习惯说着说着，就不自觉地捂嘴，说明该学员在性格上比较多元化，习惯掩饰自己内心的真实想法。

说话时习惯摸鼻子。虽然部分行为心理学家研究表明，一个人在说谎时鼻子的神经末梢会被刺痛，所以会轻轻触碰鼻子缓解这种不适感，但是摸鼻子也不全代表说谎。有的人可能是容易紧张，情绪比较紧绷，所以会不自觉用手触摸鼻子。

习惯用手挠头。如果学员在思考、说话时出现习惯性挠头，说明该学员容易拘泥于小事，通常比较斤斤计较或者习惯感情用事。

习惯咬指甲。习惯咬指甲说明其内在性格会比较孤僻，不太愿意合群，因为不愿与人交流或不愿参与其中时，就会用咬指甲的行为来掩饰自己不合群的表现。

说话习惯性皱眉。说话习惯性皱眉说明人压力比较大，也可能是对谈话的人表示不耐烦，或者是因谈话内容而引起情绪的波动。这样的人一般多少有些神经质，心情不安定，容易没有自信。

两手握在一起的人。与人交流时习惯两手握在一起的人，通常属于容易紧张的人。当他们以认真的态度和对方谈话时，就会下意识出现这种动作。这类人通常心理承受能力较低，不能承担责任，为人比较拘谨。

手放在大腿上的人。与人交流时，双手随意放在自己的大腿上，给人以镇定自若、轻松的感觉。这种人通常比较自信，乐于助人，遇事沉着冷静。

说话时习惯指着对方。与人交流时，习惯一边说话，一边用手指着对方。这种人通常比较自负，喜欢领导他人，坚持自己的立场，给人以盛气凌人的威慑力。

需要注意的是，不管是颜色辨别法，还是动作辨别法，都不是绝对的，它只是给培训师们提供一种思路和方法，不可全信。比较准确的做法是培训师应该在日常的培训管理中积极与学员们交流，细心观察，才能得到更贴近真实的结果。

1.3.2　不同性格类型的学员特点分析

我们知道学员们有不同的性格之后，还要针对不同的性格类型分析学员们的特点，从而提出对应的培训策略。

根据九型人格理论的研究，将人的性格分为了九种，利用该理论培训师可以在短时间里掌握不同性格类型的学员特点。九型人格在英文中称为 Enneagram，是一门关于人格分类的学问，它按照人们习惯性的思维模式、情绪反应和行为习惯等性格特质，将人的性格分为九种，如图 1-5 所示。

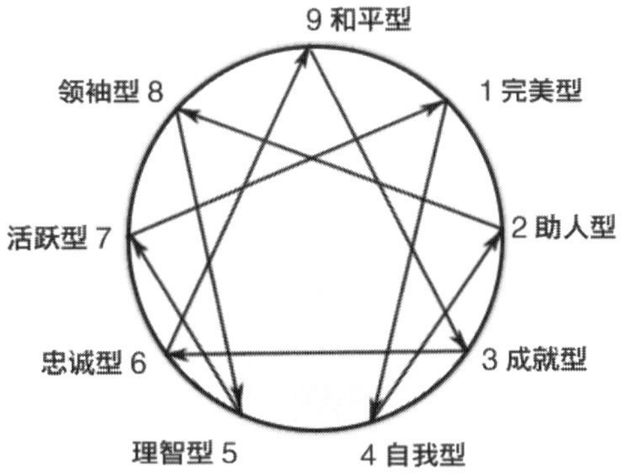

图 1-5　九型人格示意图

◆ 完美型性格

完美型性格的人有极强的原则性、不易妥协、黑白分明、对自己和别人要求甚高、追求完美、不断改进、感情世界薄弱；希望把每件事都做得尽善尽美，希望自己或是这个世界都进步。时时刻刻反省自己是否犯错，也会纠正别人的错误。

对于这一性格的学员，培训师不需要对其做过多的要求和约束，因为他们自己会对自己提出很高的要求，相反地，培训师可以适当地让其学会放松，不要让他时刻处于紧绷的状态，而应以轻松的状态投入到学习中。

◆ 助人型性格

助人型性格的人渴望别人的爱或良好关系、甘愿迁就他人、以人为本、要别人觉得需要自己、常忽略自己；很在意别人的情感和需要，十分热心，愿意付出爱给别人，看到别人满足地接受他们的爱，才会觉得自己活得有价值。

对于这类性格的学员，培训师要更多地给予肯定和鼓励，并且与他们多沟通，了解他们的情况，还可以邀请他们积极参与一些团体活动，通过一些互动性强的活动，增强他们的团队意识和集体精神。

◆ 成就型性格

成就型性格的人好胜心较强，喜欢权威，常与别人比较，并以此衡量自己的价值高低，注重形象，工作狂，惧怕表达内心感受；希望能够得到大家的肯定。同时也是个野心家，不断地追求，希望与众不同，受到别人的注目、羡慕，成为众人的焦点。

对于这类性格的学员，培训师需要了解情况，引导他们察觉自己的不足，采用弱点展示或角色替换等方式，来对他们进行适当地调解，让他们降低自己的好胜心。

◆ 自我型性格

自我型性格的人比较情绪化和敏感，追求浪漫，惧怕被人拒绝，觉得别人不明白自己，占有欲强，我行我素的生活风格；爱讲不开心的事，易忧郁、妒忌，生活追寻感较好。

对于这类型的学员，培训师应该让他们体会到学习的快乐，缓解心理的压力，并对他们多给予鼓励和肯定，提高他们的自信心。

◆ 理智型性格

理智型性格的人比较孤僻，喜欢远离人群，抽离情感，喜欢思考分析，想知道的很多，但缺乏行动，对物质生活要求不高，喜欢精神生活，不善于表达内心感受；想努力获取更多的知识来了解环境，面对周遭的事物。

对于这一类型的学员，培训师心态要平静，对待他们要表现出足够的耐心。在面对一些具体的事情时，可以和他们一起共同协商解决，并给予他们一定的自主权，使他们在活动中产生满足感。

◆ 忠诚型性格

忠诚型性格的人做事比较小心谨慎，戒备心很重，不轻易相信别人，多疑虑，喜欢群体生活，为别人做事尽心尽力，不喜欢受人注视，安于现状，不喜欢转换新环境；相信权威、跟随权威的引导行事，然而另一方面又容易反权威，性格充满矛盾。

对于这一类型的学员，培训师可以与他们多沟通和交流，了解他们的状况，积极给予肯定和鼓励，使他们感受到被接纳，从而降低不安感。

◆ 活跃型性格

活跃型性格的人比较乐观，渴望新鲜感，喜欢追潮流，不喜欢承受压力，怕负面情绪；想过愉快的生活，想创新，渴望过比较享受的生活。

对于这一类的学员最好的办法就是表扬和赞美，对于他们做的事情更多地从积极方面给予肯定，使他们更有动力去学习，也更愿意投入到培训学习中去。

◆ 领袖型性格

领袖型性格的人习惯追求权力，讲究实力，不靠他人，有正义感；是绝对的行动派，一碰到问题便马上采取行动去解决。想要独立自主，一切靠自己，依照自己的能力做事。

对于这一类型的学员，培训师可以适当地放权给他们，让他们协助管理培训中的一些事宜。一方面可以使其得到心理满足，另一方面也能够提高其学习的兴趣，更愿意投身到培训课程中去。

◆ 和平型性格

和平型性格的人十分温和，不喜欢与人起冲突，不自夸、不爱出风头，个性淡薄，同时也难于拒绝他人，不懂宣泄愤怒。想要和人和谐相处，避开所有的冲突与紧张，希望事物能维持美好的现状。会忽视让自己不愉快的事物，并尽可能让自己保持平稳、平静。

对于这类型的学员，培训师应该更多地去鼓励他们表达自己的想法和意见，并认真听取，表现出对他们的重视。

需要注意的是，任何一种性格都没有好坏对错之分，只是一种性格特点。培训师了解并掌握了这些性格特点，可以更准确地掌握学员们的心理变化，从而找到适合的培训决策。

1.3.3 灵活使用性格测评工具

除了前面介绍的方面之外，还有一些性格测评工具比较受到推崇，尤其是在一些大企业的招聘、培训以及管理工作中，HR 常常会通过一些性格测评工具测试应聘者的性格是否符合该岗位的需求。对于培训师而言，有必要了解这些性格测评工具，从而快速了解自己的学员性格特点。

现在比较热门的性格测评工具有以下三种。

◆ DISC 个性测试

DISC 个性测验是一种应用比较广泛的性格测验方法，主要用于测查、评估和帮助人们改善其行为方式、人际关系、工作绩效、团队合作和领导风格等。

DISC 个性测验由 24 组描述个性特质的形容词构成，每组包含四个形容词，这些形容词是根据 D（Dominance）支配性、I（Influence）影响性、S（Steadiness）稳定性、C（Compliance）服从性，四个测量维度以及一些干扰维度来选择的，要求测试者从中选择一个最适合自己和最不适合自己的形容词。

例如，请在以下每一组词中选择一个最接近于你（最适合描述你）和一个最不接近于你（最不适合描述你）的词，在后面相应的括号中打钩。

温柔（ ）（ ）；说服力（ ）（ ）；谦逊（ ）（ ）；独创性（ ）（ ）

◆ MBTI 职业性格测试

MBTI 职业性格测试（即 Myers-Briggs Type Indicator）是国际最为流行的职业人格评估工具。作为一种对个性的判断和分析工具，通过一个理论模型，从复杂的个性特征中，归纳提炼出四个关键要素：动力、信息收集、决策方式和生活方式，进行分析判断，从而把不同个性的人区别开来。

MBTI 的理论认为每个人的性格都会落在标尺的某个点上，这个点靠近哪个端点，就意味着个体就有哪方面的偏好。如在第一维度上，个体的性格靠近外倾这一端，就偏外倾，而且越接近端点，偏好越强。

MBTI 人格共有四个维度，每个维度有两个方向，共计八个方面。外向（E）和内向（I）；感觉（S）和直觉（N）；思考（T）和情感（F）；判断（J）和知觉（P）。四个维度，两两组合，形成了 16 种类型的性格。

◆ 艾森克人格问卷

艾森克人格问卷（即 EPQ，Eysenck Personality Questionnaire），由英

国心理学家艾森克编制的一种自陈量表，他搜集了大量有关的非认知方面的特征，通过因素分析归纳出三个互相成正交的维度，从而提出决定人格的三个基本因素：内外向性（E）、神经质（又称情绪性）（N）和精神质（又称倔强、讲求实际）（P），人们在这三方面的不同倾向和不同表现程度，便构成了不同的人格特征。

当然，除了上述介绍的性格测试工具之外，还有很多的性格测评工具，这里不多做介绍。

第 2 章

需求调查，了解学员真实的需求

需求调查是培训前的第一步，也是重要的一步。只有准确了解了学员们真实的培训需求状况，才能制定出符合实际需要的培训课程，帮助他们提高自己，从而提高培训项目的质量。

2.1 掌握培训需求调查的方法

需求调查也要掌握一定的方式方法，否则很有可能出现调查流于形式，没有掌握真正需要的情况。为了避免这一情况的发生，培训师有必要掌握多种的需求调查方法。

2.1.1 问卷法——效率最高

问卷法是需求调查中比较常运用的一种方法，它通过设计统一的问卷题目，让不同的被调查者作答，然后以统计的方法记录问卷结果。因为问卷法是以设计好的问卷工具进行调查，所以问卷的题目设计要求规范化，并且方便统计。

另外，因为问卷调查的方法比较简单，标准化程度高，收效较快，所以问卷法能够在短时间内调查更多研究对象，覆盖率更广，可以取得大量的资料，结果也更真实。

但是通过大量的实际调查，我们发现，许多企业花费了大量的时间和人力做了培训需求问卷调查，却收效甚微，更多的是形式化的流程。这是为什么呢？

实际上，产生这种结果很多时候都是因为问卷题目设计不合理，根本不能挖掘出被调查者的真实想法，所以这种问卷也就失去了意义。

在问卷调查之前，首先要考虑两个问题：一是调查问卷的目的必须明确，问卷中的所有问题都是围绕该目的展开的；二是明确调查对象，不同部门不同职位的员工的培训需求是不同的，所以设计问卷时应该具有针对性。

最后，在问题设计方面还要注意以下几个问题：

- 可问可不问的问题就坚决不要问。
- 注意问卷的篇幅，问题不要过多，注意精简，问题太多容易让人缺乏耐心。
- 与调查目的无关的题目不要问。
- 尽量多设计简单的、规范的、容易理解的，并且容易统一量化的题目。
- 尽量避免一些开放性的、创造性的题目，这类题目统计时具有一定难度。
- 可挑选部分人做调查，也可以全面调查。
- 做问卷调查时可以记名，也可以不记名，根据实际情况而定，记名或不记名各有优缺点。

下面来看某公司培训需求问卷调查法的实例。

案例实操

培训需求调查问卷内容设计

姓名：________职务：________年龄：______

（1）您认为公司对培训的重视程度是（　　）。

A. 非常重视　B. 比较重视　C. 不够重视　D. 很不重视

（2）培训对您的工作绩效、个人职业发展能否起到帮助作用，您是否愿意参加培训（　　）？

A. 非常有帮助，希望多参与各种培训　B. 有较大帮助，乐于参与

C. 多少有点帮助，会去听听　D. 基本没有帮助，不会参加

（3）目前您在公司接受的专业知识和技能培训，您认为怎么样（　　）？

A. 非常充分　B. 充分　C. 还可以　D. 不够充分

（4）您目前的学习状态是（　　）？

A. 经常主动学习，有计划地持续进行

B. 偶尔会主动学习，但没有计划性，不能坚持

C. 有学的念头或打算，但没有时间

D. 有工作需要的时候才针对性学习

（5）您倾向于选择哪种类型的讲师（　　）？

A. 实战派知名企业专家，有标杆企业经验

B. 学院派知名教授学者，理论功底深厚

C. 职业培训师，丰富的授课技巧和经验

D. 本领域优秀从业者，对实务很了解

E. 其他

（6~9 可多选）

（6）您喜欢的培训方式是（　　）？

A. 主题讲座　B. 案例分析　C. 模拟操作　D. 游戏竞赛　E. 现场教学

（7）您希望参与哪些方面的培训（　　）？

A. 岗位专业技能　B. 个人自我管理技能　C. 行业市场及产品信息

D. 职业生涯规划　E. 通用管理知识

（8）您对以下哪些管理知识感兴趣（　　）？

A. 财务知识　B. 营销知识　C. 运营知识

D. 人力资源管理　E. 人际关系与沟通　F. 企业战略与商业模式

（9）以下课程模块，您对哪些模块感兴趣（　　）？

A. 公共培训模块：包括商务礼仪、职业生涯规划与自我管理、职场沟通技能、Office 办公软件应用技巧、团队建设等

B. 物流管理模块：包括物流企业管理、物流财务成本管理、采购项目管理、仓储与运输管理、供应链管理、电子商务等

C. 会展管理模块：包括会展项目管理、会展策划与实务、会展营销、会展旅游、会展政策与法规等

D. 其他

（10）您对公司的培训有什么想法或建议？

案例中的问卷调查是某公司针对行政部门员工的培训需求问卷。从问卷内容可以看到，首先该问卷的内容比较简短，一共 10 个问题，包括单选题 5 道、多选题 4 道和 1 道开放性回答题。数量不多，但设计的确很精练，能够快速帮助调查人员捕捉到关键信息。并且大部分封闭式问题的设计有利于后续的问卷答案整理和统计。

其次，从内容上来看，问题设计针对性较强，通过这些问题可以了解被调查人员对培训的满意程度、需求状态、喜欢的培训内容以及对培训的想法等，这些都是比较直观且重要的需求调查内容。

2.1.2　访谈法——简单直接

访谈法是一种比较简单、直接的调查方式，它是通过直接与被调查者对话的方式，从与被访谈者的谈话中获得大量信息。

访谈法在操作上比较简单，其流程如图 2-1 所示。

①根据培训需求调查的目的，挑选访谈对象。

②提前制订访谈计划，并确定访谈的内容。

③设计并确定具体的问题，拟订访谈大纲。

④在访谈过程中调查者要注意倾听，适时追问，访谈后要马上记录访谈内容。

⑤整理访谈资料，分析访谈结果，得出访谈结论。

图 2-1　访谈法流程

其中，尤其需要注意的是对访谈过程的把握，如果操作不当，很有可能影响调查效果，得不到真正的调查结果。访谈过程通常由以下五个部分组成。

◆ 开场——自我介绍

访谈中的第一步是开场，即自我介绍。除了被调查者之外，访问者也需要做自我介绍，表明自己的身份并说明访谈的目的，降低被访问者的戒备心，以便后续能更轻松地进入访谈环节。

◆ 暖场——缓和紧张情绪

访谈开始之后往往不会立即进入主题，首先会进行一个简单的暖场，例如了解一下被访问者的日常工作情况等。通过这类简单的、熟悉的问题可以让被访问者缓和紧张的情绪，起到暖场的作用。

◆ 进入正题——一般性问题

暖场结束后就会开始进入主题访问，但是此时通常会提出一些常规性的、简单的问题，主要集中在被访问者对当前工作状况和培训的满意程度等。

◆ 深入主题——深度挖掘问题

一般性问题结束后，访问者还要试图打开被访问者的话匣子，让其畅谈对培训的想法和看法，以及想要开展什么类型的培训等。深度挖掘时，访问者要注意倾听，不要随意打断被访谈者的思路。

◆ 结束——总结

在访谈结束之前，还要做一个简短的总结，意味着访谈的正式结束。

根据上述内容可以看出，实际上访谈法是比问卷法更深一层次的调查方法，它通过面对面直接交流更容易打开被访问者的心，调查的问题也能够更深一步，从而得到更真实的调查结果。

另外，为了使访谈能够顺利进行，在正式开展访谈之前还需要拟定访谈大纲，将访谈中可能涉及的问题进行罗列，并整理出问题的顺序，还可以将访谈中一些重要的事项进行罗列，避免遗忘。只有这样，在访谈过程中才能做到有条理，逻辑清晰。

下例为某公司的培训需求访谈提纲。

案例实操

培训需求访谈提纲设计

开头语：公司计划2023年在原有的培训计划上增加一些新的培训项目，为了能够让培训更符合员工的实际需求，切实提高员工的技能，所以人事部门近期将对部分员工进行一次需求调查。

被采访人基本信息姓名：______部门：______

岗位：______________　　采访时间：____________

问题纲要：

（1）您的工作内容是什么？平时的工作完成情况如何？

____

（2）您在工作中有哪些成绩？有没有觉得遗憾或是不足的地方？自己平时是怎么补救处理的呢？

____

（3）您认为工作上有哪些地方还可以进一步改善呢？

____

（4）工作中有没有遇到过困难？得到解决了吗？通过什么方式解决的？哪些是可以通过能力提升避免的呢？

____

（5）您认为绩效问题，除了培训因素之外，还有哪些因素呢？

____

（6）请您简要描述一下，由于缺乏培训导致工作效率受到影响的情况？

____

（7）您回顾近一年的工作中，有没有出现过印象较深的事件或事故？造成该事件发生的原因是什么呢？

____

（8）您与上级、同事之间的关系如何？

____

（9）想要达成2021年年末制定的2022年工作目标，您觉得需要具备哪些能力呢？

____

（10）您估计2023年您的工作难点会在哪些方面？哪些因素将影响您的工作开展？

____

（11）您本人需要在2023年参加哪些培训课程呢？

____

（12）您的上级是否对您有专业方面的培训或是指导？具体有哪些呢？

____

（13）您对2022年的培训工作有哪些意见？哪些批评？

____

（14）您对2023年的培训工作有哪些期待？

____

访谈总结：

（1）复述主要内容，询问是否有补充和修正？

____

（2）表达对被访问者所提供信息的启发性价值的肯定，感谢被访问者的配合与支持。

____

最后，因为访谈法不是只对一个员工进行访谈，需要对多名或是所有员工进行访谈调查，所以调查人员需要制作培训需求访谈记录表，对被访谈者的访谈结果进行整理归纳，以便提炼出关键观点，发现重要的问题或是项目。培训需求访谈记录表模板，见表 2-1。

表 2-1　培训需求访谈记录表

访谈人		访谈时间		访谈地点	
访谈摘要：					
访谈对象	所属部门	问题	记录	培训需求	
对象 1					
对象 2					
对象 3					
对象 4					
对象 5					
对象 6					
对象 7					
对象 8					
对象 9					
对象 10					

需要注意的是，在访谈法需求调查中由于访谈法标准不一，其结果很难定量统计，并且访谈法的耗时较长，成本较高，难以大规模进行。

2.1.3　现场观察法——直观高效

现场观察法指调查人员通过在现场实际观察被调查人员的工作情况和状态，获取信息的方法。与日常观察与考察不同的是，现场观察调查是在一定理论指导下，有目的、有计划地去了解某个问题或现象，从而得出关于培训的一些信息。

使用现场观察法时，调查人员应该对正在工作的员工进行仔细观察，然后将其正在从事的任务和职责一一记录下来。另外，现场观察的时间不确定，主要依据工作任务的难易程度，可能通过较长时间连续不断地观察，也可以采用断断续续的间断观察。

现场观察法做培训需求分析需要经过五个步骤，具体如图 2-2 所示。

第一步：观察前的准备

在观察前需要提前做好相关的准备，包括确定被观察岗位、确定被观察人员、观察记录表、录音笔和摄像头等。

第二步：实施观察

实施观察是现场观察法中的重点环节，也是培训需求分析成功与否的关键，需要利用自己的视觉、听觉、触觉或是感觉等方式来观察，收集相关资料。

第三步：进行面谈

观察结束后，对于一些重点的、难点的，或者不明白的环节和活动内容，观察人员还需要与被观察人员进行面谈，进一步掌握确切信息。

第四步：处理信息

经过一系列的观察工作之后，调查人员需要对记录下来的信息进行处理，筛选出其中重要的、有价值的信息，进行总结和归纳。

第五步：确定培训需求

最后，观察人员需要根据最终的观察结果报告，来确定员工的培训需求项目，制订相关的培训计划。

图 2-2　现场观察法调查流程

现场观察法根据工作周期和工作性质的不同，可以分为直接观察法、阶段观察法和工作表演观察法。

1. 直接观察法

直接观察法指调查人员对被调查人员的工作进行全过程观察。这样的调查方法适合工作周期较短的职位，一般以一天为一个周期。调查人员通常全天跟随被观察人员，查看其工作内容和工作状态。

直接观察法是现场观察法比较常用的一种，适用范围比较广泛，例如服务性职务、销售性职务和技术性职务等都可以适用。

2. 阶段观察法

阶段观察法适合周期更长的岗位，以便调查人员能够准确、完整地观察到被调查人员的所有工作。阶段观察法会在被调查人员工作出现阶段性变化时观察，以财务部门职务为例，通常财务部门在每月月底、每季度末以及年末时进行财务核算，在该阶段观察更能看出财务人员的工作内容和结果。但是，因为阶段观察法时间跨度较长，耗时较大，而培训需求调查的时间往往无法拖延较长时间，所以在实际调查中使用较少。

3. 工作表演法

工作表演法指的是通过实际演习一些工作中可能出现的场景，查看员工应对这些情况的反应，从而达到调查的目的。工作表演法比较适合一些突发事件较多的工作，例如安保类工作，因为除了正常的安保工作之外，安保人员可能还会应对一些突发事件。但在调查过程中，这些事件刚好发生的概率较低，所以就需要通过工作表演法来进行观察调查。

另外，根据调查人员是否参与被调查员工的工作项目，现场观察法可以分为参与观察与非参与观察两种。

1. 参与观察

参与观察指的是调查人员以员工的身份直接进入被调查工作项目进行工作劳动，与被观察者发生联系，以内部员工的角色参与日常工作内容和活动，然后在工作中观察收集相关的信息资料。

参与观察法能够让调查人员切实感受工作的内容，能够获得比较全面、仔细且直观的材料，但观察结果容易受到被调查人员的情绪影响，出现主观性的判断。

2. 非参与观察

非参与观察指调查人员并不参与被调查者的工作活动，而是以旁观者的角色对被调查者的工作情况、工作内容以及工作流程进行观察，不干预影响员工，只单纯记录工作发展的情况，然后根据记录结果进行结果分析。

非参与观察法能够比较公正、客观地看待被调查者的工作活动，得出合理的结果。但是非参与观察法只能够看到一些表面的现象，难以观察到深入内在的东西，所以分析往往停留在表面。

需要注意的是，不管是使用哪种观察法，调查人员都应做好详细的观察记录，以便对其进行分析总结，可以借助摄像机等设备。另外，现场观察调查时，选择的职务和工作活动行为要具备代表性。

此外，现场观察法对观察人员本身也有一定的要求，具体如下：

①观察人员在观察之前确定观察目标与要求，才能在观察过程中抓住观察重点和核心。

②提前确定并准备好观察的手段。

③对于一些复杂的环节和内容需要反复、多次观察。

④观察时观察人员要保持客观、公正的心态。

⑤观察时观察人员要注意被调查活动的全面性，不要忽视其中的任何环节。其次，还要注重典型，对于其中的重点环节或核心环节进行重点观察。

2.1.4 关键事件法——针对性分析

关键事件法是一种针对性较强的调查分析法，它主要是针对某一工作中的重要的、能导致该项工作成功与否的任务和职责要素，且能反映不同绩效水平的，可观察到的行为表现进行观察，从而得到培训需求结果。

关键事件法的重点在于观察和记录的事件必须是具有分析和调查意义的重要事件，否则调查结果是无效的，因此调查人员需要明确被调查事件为关键事件。这就对调查人员提出了较高要求，一般非本职工作或对该项工作了解不多的调查人员，通常难以在短时间内识别出该岗位重要的关键事件是什么。因此，常常需要借助被调查岗位的直接上级或专业人员帮忙。

但在实际的培训需求分析中，比较常用的是重大事件分析，指当公司或外部发生了对员工、客户或公司经营影响较大的事件时，往往将其视为关键事件，然后对其进行分析，收集培训需求信息。

故此，确定关键事件的原则是企业中能够对企业经营绩效产生重大影响的特定事件，包括系统故障、重大客户流失、产品延期和安全事故等。

为了能够准确找到关键事件，常常需要借助关键事件收集表来分析，将公司某一经营阶段过程中发生的重大事件进行记录，然后从中寻找有价值且值得分析的关键事件作为培训需求信息来源。关键事件登记表模板，见表 2–2。

表 2-2　关键事件登记表

<table>
<tr><td>登记人</td><td colspan="4"></td></tr>
<tr><td>事件名称</td><td colspan="2">事件信息</td><td colspan="2">结果</td></tr>
<tr><td rowspan="6">事件 1</td><td>时间</td><td></td><td>处理人</td><td></td></tr>
<tr><td>背景</td><td></td><td>事件分析</td><td></td></tr>
<tr><td>责任人</td><td></td><td rowspan="2">处理结果</td><td rowspan="2"></td></tr>
<tr><td>部门</td><td></td></tr>
<tr><td>事件描述</td><td></td><td rowspan="2">补充说明</td><td rowspan="2"></td></tr>
<tr><td>造成结果</td><td></td></tr>
<tr><td rowspan="6">事件 2</td><td>时间</td><td></td><td>处理人</td><td></td></tr>
<tr><td>背景</td><td></td><td>事件分析</td><td></td></tr>
<tr><td>责任人</td><td></td><td rowspan="2">处理结果</td><td rowspan="2"></td></tr>
<tr><td>部门</td><td></td></tr>
<tr><td>事件描述</td><td></td><td rowspan="2">补充说明</td><td rowspan="2"></td></tr>
<tr><td>造成结果</td><td></td></tr>
<tr><td rowspan="6">事件 3</td><td>时间</td><td></td><td>处理人</td><td></td></tr>
<tr><td>背景</td><td></td><td>事件分析</td><td></td></tr>
<tr><td>责任人</td><td></td><td rowspan="2">处理结果</td><td rowspan="2"></td></tr>
<tr><td>部门</td><td></td></tr>
<tr><td>事件描述</td><td></td><td rowspan="2">补充说明</td><td rowspan="2"></td></tr>
<tr><td>造成结果</td><td></td></tr>
</table>

在大量收集这些关键事件以后，可以对其进行分类，并总结出职务的关键特征和行为要求。关键事件法既能获得有关职务的静态信息，也可以了解职务的动态特点。

其次，识别出关键事件后，调查人员应记录以下关键信息：

①导致关键事件发生的前提条件是什么。

②导致该事件发生的直接原因和间接原因是什么。

③员工在该事件中的行为表现怎么样。

④该事件发生后的结果如何。

⑤被调查员工对该事件的控制和把握能力如何。

关键事件调查法能够精准地聚焦在某一行为上，从而快速寻找出被调查人员在工作中可能存在的失误，以及需要改进的地方等。但是，关键事件调查法也存在以下两个明显的缺点：

- 关键事件调查法比较费时，需要花费大量的时间搜集和判定关键事件。
- 关键事件通常的定义是能够对工作绩效产生巨大影响的事件，但是这样可能就忽略了其他对工作有较大影响，且对绩效可能影响不大的事件。

因此，在实际的需求调查中，调查人员要慎重使用关键事件调查法。

2.2 整理培训需求分析结果

通过培训需求调查得到结果之后，调查人员还要对结果进行整理，即制作培训需求分析报告，一方面总结调查结果，另一方面也能对培训需求分析起到一定的帮助作用。

虽然不同的企业和调查人员所做的培训需求分析报告可能存在不同，但是培训需求分析报告中的一些重点内容和关键点是相同的。下面对培训需求分析报告中的一些重要项目进行介绍。

2.2.1 明确培训的目的

培训的目的往往是培训需求报告中的第一部分，也是核心部分，培训需求分析的内容通常是围绕培训目的而展开的，不同的培训目的会有不同的需求分析方向。因此，每一位培训师做培训需求分析前，都应明确培训的目的，即为什么要开展培训。

如下为某公司的两份培训需求报告目的。

案例实操

新老员工培训需求目的设置

【新员工培训需求目的】

培训的目的

1. 使新员工在入职前对公司有一个全方位的了解，认识并认同公司的事业以及企业文化，坚定自己的职业选择，理解并接受公司的共同语言和行为规范。

2. 使新员工明确自己的岗位职责、工作任务和工作目标，掌握工作要领、工作程序和工作方法，以便能尽快进入岗位角色。

【老员工培训需求目的】

培训的目的

1. 通过调查，了解员工对培训的认同度及建议。

2. 通过调查，了解员工的实际培训需求，帮助员工提高能力，从而更好地体现个人价值。

从上述案例可以明确看出，两份培训需求报告中一份是针对新员工入职的培训需求调查；一份是针对老员工的培训需求调查。这样清晰明确的培训目的能够快速帮助培训师找到分析的重点和关键。

2.2.2 确定培训的对象

我们知道不同的部门、不同的职务，对培训的需求不同，并且不同的培训项目参与培训的对象数量可能存在较大差异，可能是几个人、一个部门或是一个工种，还有可能是所有员工。

无法明确培训对象会严重影响培训活动的开展，所以在培训需求分析报告中需要明确提出此次的培训对象是谁，以便能够围绕该职务进行全方位、深层次的分析。

确定培训的对象是比较简单的一个内容，一般只需要在分析报告中通过一句话简单、清晰地点名即可。需要注意的是，虽然确定培训对象非常简单，却是不可缺少的一部分。

以上述案例中的新员工培训需求分析报告为例，在该报告中明确指出了培训的对象为公司所有的新进员工。

2.2.3 培训需求调查结果统计与分析

培训需求调查结果统计与分析是对此次培训需求调查结果的一个总结，包括此次调查的内容、员工的现状以及员工对培训的反馈等。在报告中通常需要结合前期培训调查时的大量数据做理论依据。

另外，很多时候为了能够清晰、直观地查看统计结果，常常会利用大量的图表。如下为某公司的培训需求调查分析内容。

案例实操

公司培训需求调查结果统计与可视化分析

（四）调查结果统计

题目 1. 您认为目前公司对培训工作的重视程度如何？

统计结果：

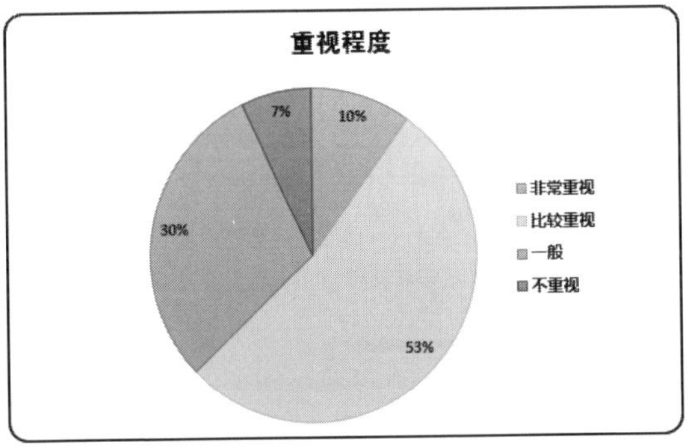

从图可以看到，调查全公司员工发现，有 53% 的员工认为公司对培训工作比较重视，30% 的员工认为公司对培训工作一般重视，还有 7% 的员工认为公司对培训不重视，仅有 10% 的员工认为公司对培训非常重视。说明公司中的大部分员工对公司在培训方面的工作比较认可，但也有一部分员工认为重视程度一般，这也是公司在培训方面应该继续努力的方向。

题目 2. 去年参加的培训课程在数量上是否满意？

统计结果：

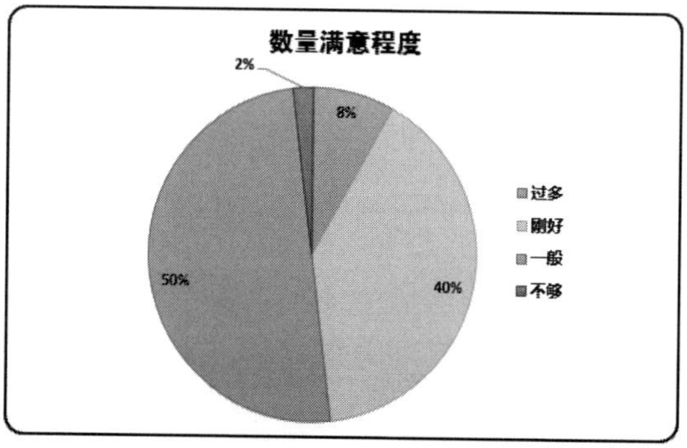

从图可以看到，调查全公司员工发现，50%的员工认为公司的培训数量一般，40%的员工认为公司数量刚好，还有8%的员工认为公司的培训过多，仅有2%的员工认为公司的培训数量不够。说明公司中的大部分员工对公司的培训数量感到不满意，这是后续公司培训需要重点努力的方向。

题目3. 在过去的一年里您参加了哪些培训课程？

统计结果：

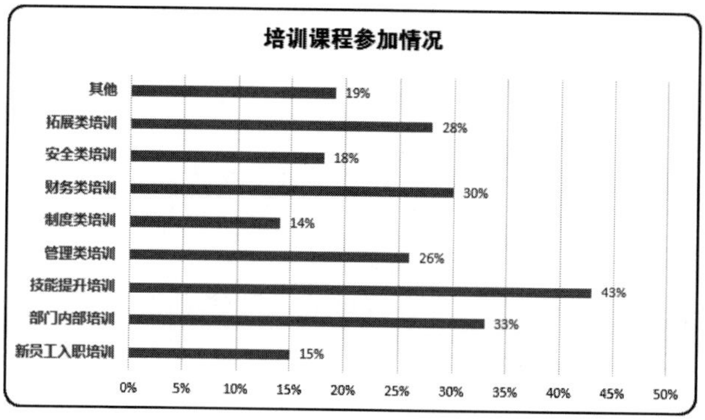

从图可以看到，43%的员工参加了技能提升培训，33%的员工参加了部门内部培训，30%的员工参加了财务类培训，28%的员工参加了拓展类培训，26%的员工参加了管理类培训……由此可以看出，公司内的大部分员工对技能提升的培训课程比较感兴趣，参与度比较高，员工倾向于提高自己的技能。

…………

案例中的培训需求调查结果统计分析是非常标准、典型的，比较适合实际中的培训需求报告分析。大部分的培训需求调查统计与分析采用的都是案例中的结构。首先提出培训调查的实际问题，然后统计调查结果，最后对该项结果进行分析，得出结论。

2.2.4 确定培训的内容

根据培训需求调查的结果与分析，还要确定培训的内容，包括更新原有的培训、取缔不适合的培训以及增加一些员工希望开展的培训。培训内容是培训活动的灵魂所在，如果没有好的内容，就不能够吸引员工主动、自觉地投入到培训中，培训自然也就失去了意义。

因此，培训师应该在培训需求调查结果统计与分析的基础上，选择适合的内容开展培训。一家企业的培训内容通常包括两个方面：一方面是企业的常规培训内容；另一方面是因为不同职务的需要而制订的针对性培训内容。

◆ 常规培训内容

常规培训内容通常是针对企业内所有员工开展的，通常与企业的规章制度和企业文化有关，比较常见的包括企业文化培训课程、企业规章制度培训以及新人上岗培训等。

◆ 针对性的培训内容

针对性的培训内容指定性较强，需要考虑企业的实际岗位需求、企业未来的发展需求以及员工个人的发展需求三个方面。例如技能提升课程、人际交流课程、计算机课程和管理培训课程等。

简单来说，培训内容的设计可以从以下三个方面来进行设想。

员工必须学习的内容。员工必须学习的内容指针对员工所在岗位的职责要求而必须学习掌握的课程内容。

员工应该学习的内容。员工应该学习的内容指员工为提升自己工作能力和水平应该学习掌握的内容。

员工可以学习的内容。员工可以学习的内容指员工自己感兴趣，或是对自身发展有帮助的课程内容。

需要注意的是，在确定员工的培训内容时要遵循“简单→复杂”的原则，给新老员工配备适合的培训内容。

2.2.5 开展培训活动存在的问题

确定了培训的内容之后，还需要在培训需求分析报告中指出开展这些培训活动可能存在的问题，会遇到的一些阻碍，以及想要得到公司的哪些支持等。

因为各个公司的实力不同，能提供的资源也不同，所以开展培训活动遇到的问题也可能不同。通常来看，企业开展培训活动比较常遇到以下一系列问题：

- 培训活动中的任务量较大，工作人员较少，需要人员支持。
- 内部的师资力量不够，尽管企业内可能有很多专业技术人才，但是既具备专业技术，又具备培训讲师水平的人较少。
- 培训课件水平不足，自主研发课程的能力有限。
- 培训的形式比较单一，通常是以讲述的方式进行，对于一些实操性较强的课程效果不明显。

在提出了问题之后，还要在报告后明确提出想要得到什么样的支持，以及针对这些问题有哪些解决办法。

至此，培训需求调查分析报告就基本结束了，该报告也是日后开展培训活动的大纲，对培训活动起着重要的指导作用。

2.2.6　撰写培训需求分析报告

在了解的培训需求分析报告的重点项目之后，就可以开始正式撰写培训需求分析报告了。

在撰写培训需求分析报告时，我们要明白两点：一是培训需求分析报告是在培训需求调查分析结束后，对培训预测情况的整理和汇总，从而形成的书面报告；二是培训需求分析报告不仅是培训调查工作的总结材料，更是公司整体培训计划开展前的调研报告，所以要具备实操性、结论性以及可行性。

因此，培训需求分析报告既要包括培训需求调查结果总结，也要包括公司后期培训安排计划两部分内容。具体来看，一份完整的培训需求分析报告主要由七部分组成，见表2–3。

表2–3　培训需求分析报告结构

项目	说明
标题	标题是培训需求分析报告的第一步，比较常见的命名方式为“年＋培训需求调查分析报告”或“岗位名称＋年＋培训需求调查分析报告”
需求调查总结	企业培训的当前情况分析

续表

项目	说明	
需求调查总结	员工的工作难点以及面临的困境	
	员工技能提升的方向	
	员工对企业培训的看法	
	企业培训的资源情况	
培训设计	根据调查的结果，应该设置哪些培训课程	
	按照培训课程的急迫性、重要程度进行分类	
培训安排	针对每一个培训项目需要做出具体的培训安排，内容包括下列几点： ①为什么要做该培训项目——培训的目的 ②哪些人应该要做该培训——培训的对象 ③培训应该达到什么样的效果——培训的目标 ④培训应该怎么去做——培训的方式、时间和地点 ⑤培训什么内容——培训的内容	
可利用的资源	公司能够提供的内部资源	整理出公司当前能够提供的资源
	可利用的外部资源	具体罗列出外部可以利用的资源
开展培训的阻碍	预测并罗列出开展培训活动可能会遇到的阻碍	
	针对这些问题，想要公司提供哪些帮助	

表格所示的内容是比较完整、全面的培训需求分析报告的结构，但在实际的培训需求分析报告中，因为需求调查的情况不同，可能会存在些许差异，但大体上相似。此外，在撰写培训需要分析报告时要注意以下三点：

- 撰写的内容不能够凭空捏造，更不能主观臆想，要根据培训需求调查的结果进行事实分析，最好能够有具体、实际且真实的数据作为支撑。
- 撰写的内容要全面，涵盖培训的方方面面。
- 在语言表达上注意用词准确，不要用一些含糊不清的词语。

课程设计，制订培训课程大纲

课程设计对培训活动非常重要，它直接关系到培训的内容、培训的质量以及培训的效果，所以培训师需要慎重对待，精心设计出符合实际情况，且具有吸引力的课程。

3.1 确定课程名称，吸引学员

设计培训课程的第一步是设计课程名称，一个好的课程名称可以起到吸引学员注意，提升学习兴趣的作用。相对地，一个不好的课程名称也可以让原本有趣的课程失去趣味性。所以，在确定课程名称时，要有一定的讲究。

3.1.1 直接关联学员引起重视

关联学员取名是一种比较直接的确定课程名称的方式，针对性较强，能够快速吸引到目标学员的注意。

关联学员的方法包括以下三点。

①在课程名称中直接关联职务，例如行政人事部门架构及岗位职责秘书助理、行政人员专业技能提升高级研修班或行政工作统筹管理高级研修班等。

②在课程名称中直接关联工作内容，例如人事招聘技能分享、岗位分析与职位说明书的编制或工作分析、绩效考核和薪酬设计高级研修班。

③在课程名称中直接关联学员之后的目标或理想，这样一来想要自我提升的学员就会对此类课程产生兴趣，例如财务总监必知的财务管理问题。

课程名称联系学员的目的在于让学员自动对号入座，对课程产生兴趣，所以课程名称的设计需要从学员的角度出发，尽量联系学员感兴趣的话题。

3.1.2 点明课程核心知识点

课程名称还可以直接点明该课程的核心知识点，让学员对此次的培训课程内容一目了然。

这样的取名方式优势在于聚焦内容，通过优质的课程内容，吸引对其感兴趣的学员。例如非人力资源经理的人力资源管理技巧，如何高效开展行政管理工作，行政工作统筹管理等。可以看出，这样的课程名称往往依靠内容，名称简洁有力，又容易传播。

需要注意的是，有的培训师为了让课程显得内容丰富，知识点多，会在课程名称中添加更多的内容。显然，这是不可取的。课程名称的设计不仅仅是一个“取名”的过程，实际上也是内容提炼的过程。如果课程名称太长，可能会出现内容繁多，反而不知所云的情况。

3.1.3　说明课程教学方式

说明课程教学方式的取名指在课程名称中清楚说明此次培训的方式，是讲座、训练、会议还是交流会等，以便能让学员快速判断出自己是否适合参与，或者是否为必须参与的项目。例如销售员推销技巧分享会。

在实际的培训活动中教学方式有很多，且每种方式都有其独特的魅力，培训师有必要对这些方式进行了解，一方面能够帮助培训课程取名，另一方面也有助于丰富培训的教学方式。

以小组讨论型培训为例，它是运用比较广泛的一种培训方式。因为小组讨论可以带动全体学员一起进行讨论研究，提高学员的参与感和兴趣，培训效果比较明显。小组讨论培训根据讨论形式的不同可以分为以下三种。

①主题式讨论培训，培训师提出某一主题，学员根据该主题展开话题讨论。

②辩论式讨论培训，培训师提出某一问题，学员分为正反两方，通过

辩论的方式进行讨论。

③开放式讨论培训，该讨论方式通常没有特定的主题，由学员们随意发挥，提出自己的观点和想法，然后展开讨论。

培训师需要分别了解这些小组讨论培训方式的不同点和侧重点，然后在课程名称中加以体现。例如公关人员突发事件下的应急处理辩论会。

3.1.4 新潮的课程取名方式

除了前面介绍的比较常规、标准和正式的取名方式之外，为了吸引到更多学员的注意，还有一些比较新潮的，适合当下潮流的取名方式，培训师也可以学习，并运用在自己的课程名称中。

1. 以“营”作为后缀取名

营从汉字角度来看，基本意思有营地、军营；筹划、管理的意思。在课程名称中以“营”作为后缀时，能体现出培训团队具有一定规模，也能体现出培训学员间的团结，给人一种军事化管理、纪律森严的感觉。例如人力资源培训营、销售战略培训营、员工职业化培训营等。

另外，除了简单的“营”作为后缀之外，还可以运用一些延伸词作后缀，如训练营、特训营、集训营等，添加后也具有同样的效果。例如新员工训练营、销售精英特训营、关键人才集训营等。

2. 以“计划”作为后缀取名

以“计划”作为后缀取名也是培训课程取名中比较常见的一种形式。在课程名称中添加“计划”，可以让培训课程看起来更具目的性和周期性，使培训活动显得更严格。例如高效团队打造计划、销售精英养成计划、专项技能提升计划等。

3. 量化课程取名

量化课程指将培训课程的内容直接量化，让学员通过标题就能够清晰、直观地感知课程内容，也能使原本复杂的课程知识变得简单化，增强学员们学习的信心。例如销售技能六步到位、人才管理分五步、薪酬制度建立五步法等。

实际上，课程取名的方式很简单，关键在于培训师要从学员的角度出发，寻找能够吸引学员，引发学员兴趣的取名方式，才能取得真正有趣的好名字。

3.2 课程内容确定，找寻课程价值点

课程内容指培训活动中的学习内容，是课程设计的重中之重，培训活动中的学习环节基本围绕课程内容而进行。如果课程内容不合适，那么可能会直接影响培训的效果和质量。因此，培训师要慎重设计课程内容，找出课程中的核心价值点。

3.2.1 设计课程内容≠培训教材

在设计课程内容之前，需要对课程内容有一个正确且全面的认识，大部分的人对课程内容存在一个误区，认为课程内容就是培训教材，将学员们学习的内容简单定义为教材内容，并由此编辑知识体系。如果不能够正确地认识课程内容，那么设计出的课程内容必然不合适。

课程内容包括三方面：课程教材、培训活动以及学习经验。所以在设

计课程内容时需要从以下三方面入手，进行挖掘和提炼。

- **课程教材**：课程教材指在培训过程中学员们需要使用的资料，辅助学习。
- **培训活动**：培训活动指围绕课程内容开展的一系列活动，包括讲授活动、分享交流活动和实操活动等。设计培训活动时，特别注意课程与社会生活的联系，强调学员在学习中的主动性。
- **学习经验**：学习经验指通过培训，学员们需要学习掌握的经验技能，包括理论知识和实操经验。

3.2.2　根据学员程度确定教学内容

课程内容的设计可以依据学员已有知识程度来进行确定，培训课程设计的根本任务是满足企业与学习者的需求，并在短时间内快速培养出适合企业的人才。

首先对学员的知识程度进行摸底，然后有针对性地对学员们的短板处或是技能需要提升处进行设计，从而量身设计出适合学员的课程内容。

根据学员知识程度确定教学内容的意义主要有以下三点：

①有利于培训师确定培训教学的起点。因为通常一门课程的学习会习惯性地遵循“由易到难，从入门到精通”，但是培训课程一般时间较短，针对性较强，如果不考虑学员当前的知识程度一味地从入门级开始，既浪费时间，也难以从内容上吸引到学员。

②准确把握学员当前的知识水平，可帮助培训师精准确定培训目标、课程内容及培训进度等工作，以便课程内容的设计可以更适合学员的发展。

③了解学员的知识水平程度，有助于培训师甄别学员们的个别差异，以便因材施教，使全体学员都能够得到更好的发展。

既然了解学员们的水平程度如此重要，那么培训师应该如何准确获得学员水平的信息呢？可以从以下三方面入手，见表 3–1。

表 3–1　学员程度调查

调查方法	说明
学员背景调查	了解学员们的基础教育水平。每一个职务都有大概的学历要求，尤其是一些针对性较强的、专业性的岗位，他们对受教育的水平要求会更严格。所以一些专业性的培训课程通常会调查学员们的教育水平
学员能力测试	根据课程知识点设计一些测试题，通过学员们的回答情况了解学员们的程度，从而调整和设计培训课程内容。使用该方法时要注意，问题的内容要符合调查的目的，问题数量一般控制在 20 ～ 40 个。问题的文字表达要简明扼要、通俗易懂，易于理解和回答；问题的排列顺序要主次分明、逻辑清晰
学员过往能力	根据学员们过往的工作结果或绩效情况，大致判断出学员当前的能力水平

在上述介绍的方法中，比较常用的是能力测试，因为该方法比较省时，也能够比较准确得到学员们的真实情况。不管是背景调查还是过往能力都有可能出现作假，而能力测试则不会。

案例实操

客服专员基础能力测试

姓名：　　　　　　　　　　职务：

一、判断题

（1）在和客户沟通时，应注意不要有意打断客户，在不打断客户的前提下，适时地表达自己的意见。（　　）

（2）示意客户时，要用手心向上五指并拢的手势，不得用单指或手心向下的手势。（　　）

（3）上班办理业务时，有烟瘾的员工可以抽烟，但数量以两支为限。（　　）

（4）上班时，不得穿休闲装、牛仔服、短裤、超短裙、健美裤、运动鞋、拖鞋及奇装异服。（　　）

（5）职业女性佩戴配饰可以多种颜色，但佩带的饰品不宜过多。（　　）

（6）为了实行差异化服务，我们必须懂得正确区分客户类型，并为不同的客户提供不同的服务。（　　）

（7）通话中，如果发生掉线、中断等情况，应由接电话方重新拨打。（　　）

（8）在与客户沟通时，复述情感就是对于客户的观点不断地给予认同。（　　）

（9）向远距离的人打招呼时，伸出右手，右胳膊伸直高举，掌心朝着对方，轻轻摆动。（　　）

（10）在公共场合打哈欠时要侧头，作成打喷嚏的样子。（　　）

二、单项选择题

（1）受理业务时，注意倾听客户提出的要求和问题，了解客户所办业务的需求，___接过客户递交的现金、凭证、票据，以适宜的音量复述客户所办的业务。

A. 双手　B. 单手　C. 左手　D. 右手

（2）客户服务主要包括四个阶段：接待客户、___和挽留客户。

A. 理解客户、帮助客户　B. 欢迎客户、理解客户

C. 分析客户、理解客户　D. 理解客户、照顾客户

（3）男士头发应做到____。

A. 前不抵眉、侧不掩耳　　B. 男士不得蓄胡须

C. 男士不可剃光头　　D. 以上三者

（4）公务接待中，双排座轿车应让客户坐在____。

A. 副驾驶位置　　B. 司机后排对角线位置

C. 司机身后后排位置　　D. 后排中间座位

（5）____是造成客户满意的因素，是公司单独提供给客户具有特色的服务，能使客户感到更满意、更忠诚的服务。

A. 保健因素　B. 专属因素　C. 悬念原则　D. 口碑因素

（6）接听电话时，以下不正确的做法是____。

A. 如果是代为传话，只需要记录留言人是谁即可

B. 等对方放下电话后再轻轻放回电话机上

C. 最好能告知对方自己姓名

D. 接电话时，不使用“喂”回答

3.2.3 以课程结构整合教学内容

每一门学科都有自身的理论课程结构，培训课程内容设计需要在遵循该结构的基础上，根据学员们的实际需求进行整合，从而得出课程内容。简单来说，就是一门培训课程原来已经具备自身的结构和对应的知识点，培训师需要结合学员们的需要，在遵循课程结构的基础上，对不重要的知识进行删减，对重要的、没有的知识点进行添加，从而整合设计出适合学员的课程内容。下面以销售主管培训课程内容设计为例进行介绍。

案例实操

遵循课程结构下的销售主管培训课程内容设计

设计销售主管培训课程内容之前，我们需要了解常规的销售技能培训。图 3-1 为常规的销售技能培训知识结构。

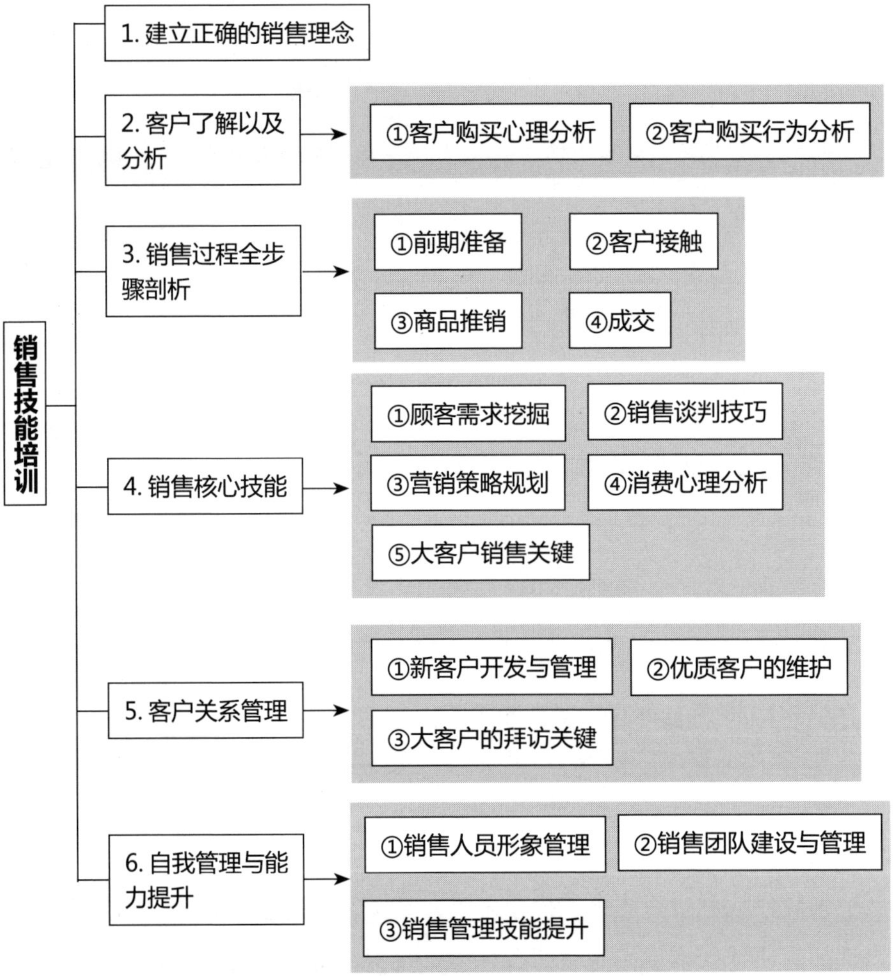

图 3-1　销售技能培训知识结构

从图 3-1 中可以看到，该销售技能培训课程分为六部分，从销售理念的概念知识入门，然后依据销售过程提出了客户分析课程和销售过程剖析课程。接下来是销售能力提升和客户关系管理，包括客户需求挖掘、销售谈判技巧等进阶性的能力培训。最后是销售人员的个人能力提升培训。

结构上遵循了由易到难的原则，可以帮助销售人员快速了解和掌握销售技能。但是如果直接以该知识结构作为销售主管的培训课程内容并不合适。

根据销售主管这一职务特性和岗位特点来看，尽管需要销售技能培训，但是以销售技巧为核心的课程结构显然已经不适合了。我们分析销售主管的工作内容发现，销售主管的工作已经从销售逐渐转移至管理当中，主要负责各种销售计划、销售员工业绩考核、销售人员日常管理、销售人员绩效考核和督促等。因此，我们需要在上述销售技能培训知识结构的基础上根据销售主管的岗位特性做整合。

①根据知识结构的逻辑，由上到下删除没有用的课程，包括销售理念课程、客户分析课程、销售过程剖析课程。

②在余下的课程中，添加销售主管这一岗位发展需要的，以及可能需要的课程，例如市场营销的运营管理、市场营销战略策划和公司财务管理等。

最后，将课程内容加以调整就能得到最终的培训课程内容了。

3.3 打磨框架，使课程内容逻辑清晰

通过前面的介绍，我们找到了培训课程的知识点，但这还完全不够。

一个好的课程，首先需要具备清晰的逻辑，能够从整体看出课程逻辑，再从每一章节的内容到各个知识点。所以，培训师还要在课程内容的基础上，打磨框架，使其逻辑更加清晰有序。此时，我们可以借助一些逻辑思维方法，快速厘清课程内容中隐藏着的逻辑关系。

3.3.1 思维导图——发散性思维

思维导图又被称为心智导图、脑力激荡图、灵感触发图、概念地图、树状图或脑图，是表达发散性思维的有效图形思维工具。思维导图是一种可视化的图表，图文并茂，能够将各个信息单元用相互隶属的层级图表现出来。

每一种进入大脑的信息单元都可以成为一个中心，由此向外发散出成千上万的关节点，图 3-2 为人工智能运用的思维导图。

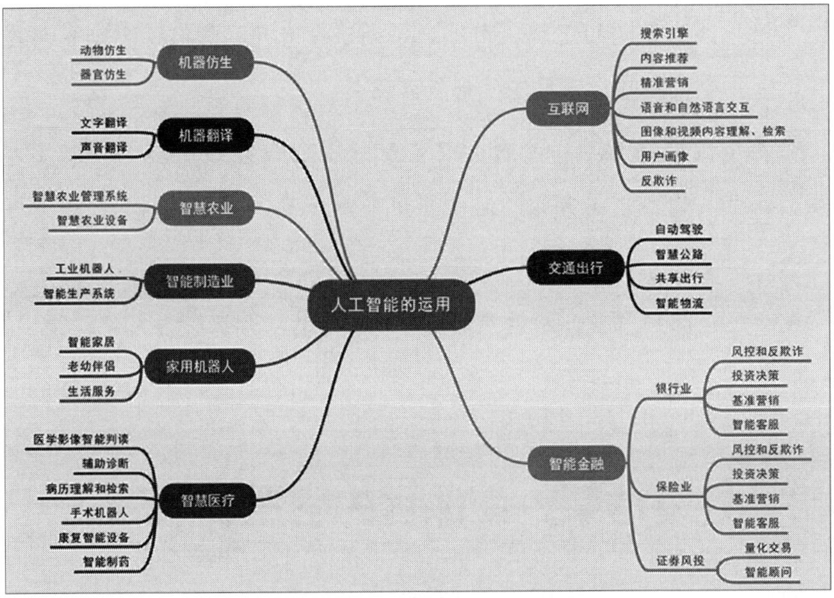

图 3-2 人工智能运用的思维导图

从图 3-2 可以看到，思维导图通过一个中心关键词或想法，引发与中心主题相关的思想、言论和概念等，再运用图文并重的技巧把相互之间的层级关系表现出来，最终呈现出放射性立体结构，使其逻辑关系更强。

对于梳理和整理知识来说，思维导图是一把好手。因为很多时候虽然培训师已经确定了培训的课程知识点，但这些知识点却杂乱无章，使用思维导图可以帮助培训师快速整理和加工这些知识点，进行分类并找出规律，从而厘清这些知识点之间的逻辑关系。

另外，思维导图还可以帮助培训师发散思维，因为思维导图是围绕一个中心不断向外辐射扩展，使得想法不断被延展，这就可以帮助培训师在梳理知识点的过程中，查缺补漏，丰富和完善课程内容中可能被遗失掉的知识点。

那么具体应该怎样画思维导图呢？主要经过以下三个步骤。

①确定思维导图的中心，我们知道思维导图实际上是围绕中心做的发散，所以第一步就需要确定思维导图的中心。

②在中心上画出分支，因为思维导图通常有很多的分支，所以在画的过程中要注意区分分支的颜色和层级粗细，避免混淆。

③在这些分支上添加文字内容，即围绕培训课程的知识点。

下面我们以销售业绩提升培训课程为例，绘制思维导图。

案例实操

“销售业绩提升培训”思维导图

某培训师准备针对销售业务人员开展销售业绩提升培训课程，通过前期的调查和了解，确定了培训课程内容，包括销售技能培养、谈话沟通技巧、客户关系维护、产品知识学习、消费者心理分析以及市场开发和维护。然后针对这些课程做了思维导图帮助厘清这些课程内容之间的关系，并完善课程内容，结果如图 3-3 所示。

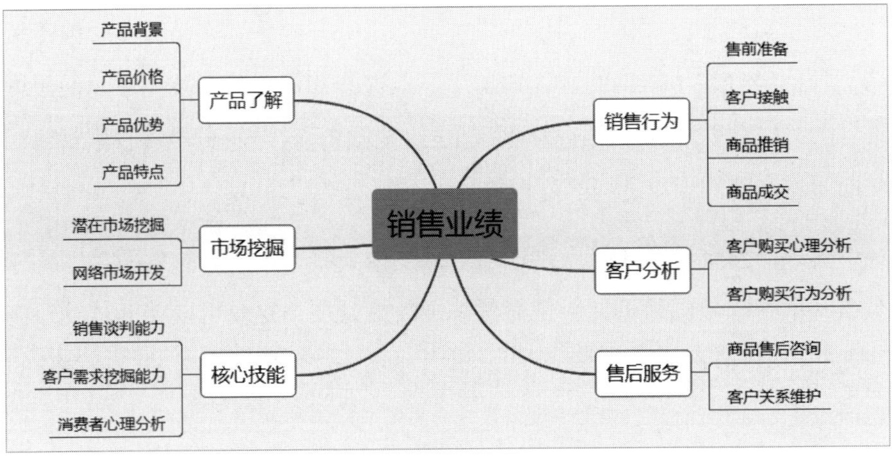

图 3-3　销售业绩提升思维导图

通过思维导图的制作可以看到，原本零散的知识点变得更具结构性，彼此之间的关联一目了然。但是制作思维导图时要注意以下三点：

- **子主题应围绕中心主题展开：**思维导图的整体框架搭建是围绕中心主题展开的，所以绘制时添加的所有子主题都应该和中心主题相关。
- **注意语言要精练：**思维导图的目的在于帮助厘清项目之间的逻辑关系，而不在于详细描述内容，所以编辑子主题时要注意语言精练。
- **注意层级关系：**思维导图中的结构关系是重点，如果结构错误，那么制作的思维导图必然是无效的。因此，在制作的过程中要注意子主题的层级关系。

绘制思维导图不仅可以手绘，还可以利用电脑来绘图。目前，市场上的思维导图绘制软件有很多，例如 MindManager、Xmind 和百度脑图等。

利用这些绘制软件，可以绘制出精美的思维导图，方便快捷。

3.3.2 鱼骨图——因果分析找准根本

鱼骨图又被称为因果图，它与思维导图一样都是能有效厘清对象之间逻辑关系的高效工具。通过鱼骨图可以帮助培训师快速厘清课程内容之间的关系和结构，找出其中潜在的逻辑关系。

鱼骨图因为从效果图上看，它像鱼骨，问题或结果标在“鱼头”位置，并在鱼骨上长出“鱼刺”，上面按照出现机会多少列出产生问题的可能原因，有助于说明各个原因之间是如何相互影响的。图 3-4 为用户体系鱼骨图。

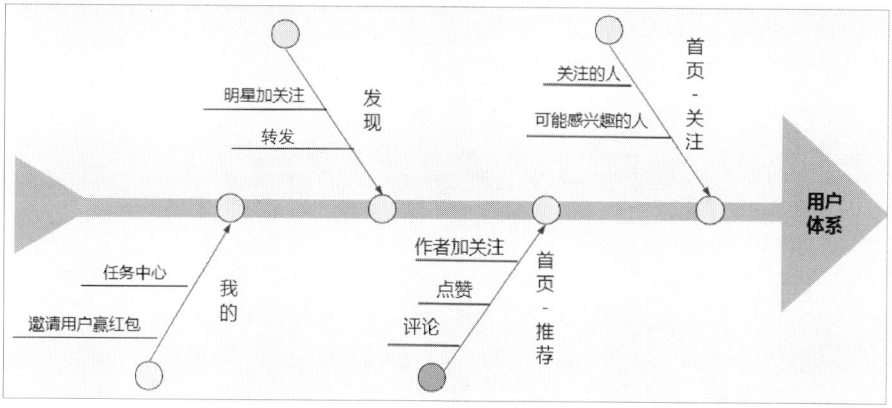

图 3-4　用户体系鱼骨图

从图 3-4 可以看到，根据鱼骨图作用的不同，可以将其分为以下三种类型。

- **整理问题型鱼骨图：**目的在于整理各个要素与特性之间不存在原因关系，而是结构构成关系。
- **原因型鱼骨图：**原因型鱼骨图的鱼头在右，即由于一系列的原因产生了结果。

● **对策分析型鱼骨图**：对策分析型鱼骨图的鱼头在左，即先提出问题，再针对问题提出改善方法。

利用鱼骨图厘清逻辑的优势在于以下三点：

①通过结构性的排列方式，快速找出各个要素之间的因果关系。

②通过有序的、便于理解的图标格式阐明结构关系。

③鱼骨图可以更全面的分析考虑造成问题的各种原因，而不是只看某些明显的表面因素。

另外，需要注意的是鱼骨图通常由中骨、小骨和孙骨三种层次来表示。中骨是用来表示某种“事实”；小骨主要是用来表示造成某种结果的原因；孙骨是对小骨更深一层的分析。在绘图时，应该保证大骨与鱼脊间成 60 度夹角，中骨是从大骨分出来的，所以中骨与大骨间的夹角还是 60 度，中骨与鱼脊为平行线。

下面我们以上述案例中的“销售业绩提升培训”为例，简单绘制鱼骨图，结果如图 3–5 所示。

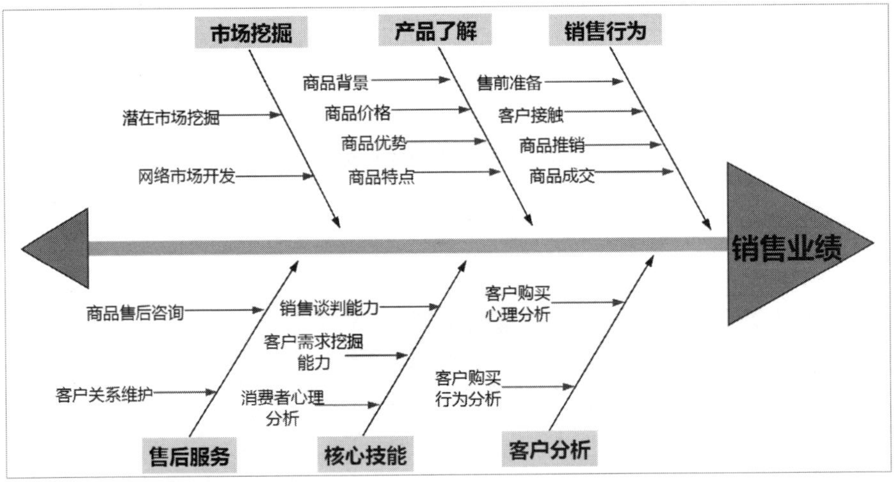

图 3–5　销售业绩提升培训鱼骨图

从图 3–5 可以看到，鱼骨图法相比思维导图来说，各个课程内容知识点与销售业绩之间的因果关系更明显。

3.3.3　5W1H 分析法——建立自己的思维体系

除了图形制作之外，还可以直接利用 5W1H 法来分析各个课程知识点之间的逻辑关系，从而建立起自己的思维体系。这样的方式相比绘图来说，更简单、更便捷。

5W1H 分析法实际上是对目标项目，从六个方面提出问题来进行思考，具体如下：

① What，指对象，什么事情。

② Where，指场所，什么地点。

③ When，指时间，什么时候做。

④ Who，指执行对象，什么人做。

⑤ Why，指原因，为什么做这件事。

⑥ How，指方式，如何去做这件事。

5W1H 分析法提供了比较科学的一种分析方法，培训师可以从这六个方面入手，整理课程内容，使课程内容更完整也更丰富。使用时需要经过以下步骤：

第一步，提出项目任务。

第二步，列出并回答 5W1H 的问题和答案。

第三步，针对答案做进一步的思考，差缺补漏。

第四步，进行综合整理，取消不重要的课程；对交叉、重叠的课程做合并；对不合适的课程进行修改。

第五步，得到最终的课程内容。

下面以人力资源招聘课程为例做介绍。

案例实操

5W1H 法分析人力资源招聘课程

首先，提出“人力资源招聘”这一核心项目。

然后，针对“人力资源招聘”列出并回答 5W1H，具体如下：

问：What——“招聘工作”的内容是什么？

答：招聘工作的内容，即如何确定招聘需求。具体课程包括企业人力资源分析、企业人力资源需求调查和岗位需求分析等。

问：Where——“招聘工作”的地点在哪儿？

答：“招聘工作”的地点选取考虑因素，具体课程包括招聘地点的选择和设置。

问：When——“招聘工作”的时间？

答：选取“招聘工作”时间应考虑的因素，具体课程包括招聘工作安排时间分析。

问：Who——谁来负责“招聘工作”？

答：说明担任“招聘工作”的招聘者需要具备的条件和需要考虑的因素，具体课程包括 HR 语言表达能力提升课程、HR 的综合素质培养等。

问：Why——为什么要做“招聘工作”？

答：介绍招聘工作的意义，具体课程包括招聘工作的重要性分析、招聘工作在企业中的意义和招聘工作的作用分析等。

问：How——针对招聘工作应采取哪些有效的方法?

答：怎么做能够提升招聘效果，具体课程包括招聘渠道的选择、招聘方法分析和招聘会场的选择等。

接着，对列出的这些课程进行综合整理，筛除掉一些不重要的课程，对可能遗漏的课程加以补充，从而得到最终的课程。

3.4　设计课程表现形式，寓教于乐更高效

除了课程内容设计之外，作为培训师还不得不重点思考课程的表现形式，即通过什么样的方式可以让课程内容展现更完整，让学员更轻松、有趣地投入到学习中。

3.4.1　讲授法，传统的教学方式

讲授法可以说是一种最简单、最熟悉的课程表现方式，它是通过分析、解释、说明、论证、叙述及描绘等方法系统地向学员传授知识的教学行为方式。在课堂中讲述现象与过程、讲解概念与规律、讲读教材与资料、讲演明理与移情等统称讲授。

讲授法是一种培训师单方面向学员传递信息的教学行为，主要具有以下四个特点。

①培训师是课堂讲述，传播信息的主体，而学员只是知识信息的被动接受者，通过听讲的方式接受信息。

②讲授法中以“讲”为主，培训师通过口头语言向学员们传播信息。

③培训师讲授能力的高低会直接影响学员们学习的效果。

④讲授法通常是直接面向全体学员，根据学员的普遍性特点和水平进行教学活动。

讲授法的优势非常明显，它属于单向传播，不要求培训师与学员相互互动，这样更有利于培训师发挥和控制培训活动。但同时，它也加大了对培训师语言表达能力和组织听讲的能力要求。另外，讲授法由于缺乏课堂互动，所以容易产生课堂单调、气氛沉闷的效果，不利于学习。

3.4.2 问答法，调动学生积极性

问答法是一种互动性较强的教学方式，由培训师向学员发问，学员回答问题的互动形式组成。问答法相对于讲授法来说，优势比较明显，具体包括以下六点：

①问答法可以让学生产生思考，而不是单纯的接受知识。

②问答法可以让学生自省，真实了解自己掌握知识的情况。

③问答法可以让学生快速掌握学习中的重点内容。

④问答法可以让培训师快速了解学员的学习情况。

⑤问答法可以让学员们巩固学过的知识。

⑥问答法可以充分调动学员积极求知欲。

使用问答法之前，培训师需要了解提问的方式类型，以及各自的特点。常见的提问方式有以下六种：

1. 开放式提问

开放式提问指没有限制，答题者可以自由发挥、任意作答。通常开放式的题目主要针对的是一些比较抽象的、概括性的问题，也没有标准答案。这一类的题目可以让学员放下心防，以更轻松的方式进行。

例如“你对这件事的看法是怎样的？”“你觉得目前的这个培训计划怎么样？”

需要注意的是，开放式提问因为开放性的特点，常常会使学员们的思维比较发散、活跃，由此可能会出现问题焦点不集中，甚至偏离主题的现象。所以培训师在利用开放式问题提问时要注意控制讨论重点，引导学生围绕主题进行回答。

2. 封闭式提问

封闭式提问与开放式提问相对应，开放式提问是不限制学员，让其任意发挥，而封闭式提问则是限制学员回答，答案只有“是”或“不是”。

封闭式提问是一种闭合式的提问，能够帮助培训师快速得到问题答案，常常用来询问一些具体细节或是核实信息。

3. 限制式提问

限制式提问属于半封闭式提问，它是将学员的回答限制在有限的选项之中。例如，“在下列几个选项中选择适合的一个”。

限制式提问将学员们的回答限定在一定的范围内，避免了学员思维过于发散的问题，同时也解决了思维过于封闭的问题。在实际的培训课堂中也比较常运用到。

4. 直接式提问

直接式提问是一种针对性的提问方式，它是直接向指定学员提问，并让该学员进行回答，目的在于听取对方意见或者是了解其对知识的掌握程度等。例如“杨 ×，请谈一下你对这事的看法”。

5. 间接式提问

间接式提问的关键在于没有特定的对象，任何人都可以回答，答题者可以是一个人、一群人或是全部人，它是引起话题，活跃气氛的好方法。例如“这个事情的特点是什么？有谁知道吗？”。

6. 转移式提问

转移式提问指将问题转移到其他人身上，属于一种应变型的提问方式，可以借机听取他人的看法和意见。例如“张 × 提出的问题很有意思，王 × 你怎么看待这一问题呢？”。

培训师除了需要掌握这些常见的提问方式，还需要学会如何处理学员的回答。针对培训师提出的问题，学员的答案通常有三种情况，面对不同的情况有以下三种处理方式：

◆ 第一种情况，正确答案

学员回答正确时，培训师要给予肯定和鼓励，还可以根据实际情况给予适当的表扬，例如学员答对一些比较困难的题目时，培训师可以通过一些肢体语言和口头语言两个方面给予鼓励。

在肢体语言方面，培训师的处理方式有：

①可以眼神交流，给予肯定。

②可以点头，表示肯定。

③可以手指握拳，并竖起大拇指，表示鼓励。

在口头语言方面，培训师的处理方式有：

①回答得非常好，理解得非常透彻。

②你的答案非常好，甚至比标准答案还好。

③回答得很好，你说的这一点非常关键。

◆ 第二种，错误答案

学员回答错误也比较常见，面对这种情况培训师可以通过下列方式来进行处理：

①可以表示抱歉将其打断，然后重新阐述问题，并将问题的重点着重说明。

②培训师可以多给一些提示和信息，引导学员答出正确答案。

③可以继续让其他学员作答，鼓励其他人补充答案。

◆ 第三种，没有回答

除了正确答案和错误答案之外，还有一种是学员们没有主动回答的情况。通常是面对一些比较复杂的问题时会出现的现象，此时培训师可以通过下列方式进行处理：

①换一种简单的表述方式，将问题重新陈述一遍。

②如果是比较复杂的问题，可以将其进行拆分，分成几个简单的小问题进行提问。

③可以给出一些提示，鼓励学员作答。

需要注意的是，问答法教学时培训师的处理原则有两点：一是，不让学员尴尬，尊重学员；二是，不让自己尴尬，掌握一定的处理技巧。

3.4.3 演示法，直观展示更生动

演示教学法即培训师借助某种道具或多媒体把生活中一些具体事例通过简单明了的演示方法展示给学员，以便将一些抽象的知识、原理简明化、形象化，帮助学员们加深对知识、原理的认识和理解。

在互联网时代，演示法实际上是运用比较频繁的一种教学方式，主要使用幻灯片、投影仪和多媒体等现代化的教学媒体，使演示效果图文并茂、视听兼顾、交互性强、信息量大、灵活性强，有利于学生感知，能激发学生思维的积极性。因此，作为培训师有必要认识并学会这些演示工具的使用。比较常见的演示辅助工具有幻灯片和投影仪。

◆ 幻灯片

幻灯片指的是电子幻灯片，即演示文稿，它是由文字、图片等元素组合在一起，制作出来的具有动态特效的可播放文件。培训师可以将课程内容制作成幻灯片进行演示，以便让学员能够更直观地接受信息。图 3-6 为某商务礼仪的培训课程幻灯片。

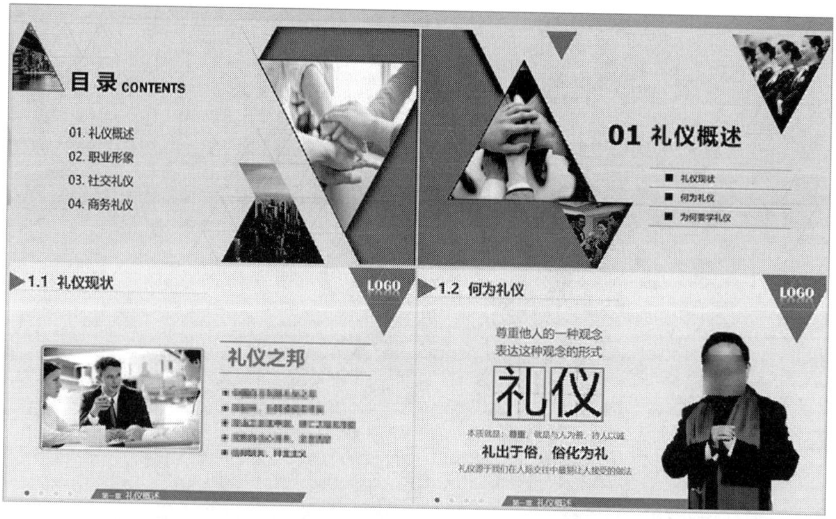

图 3-6 幻灯片

◆ 投影仪

投影仪，又称为投影机，它是一个可以通过不同的接口同计算机、手机或 DV 等相连接，然后将图像或视频投射到幕布上的设备，以便让学员能够更直观地在幕布上观看演示内容。图 3-7 为投影仪演示。

图 3-7 投影仪演示

需要注意的是，演示法教学时借助多媒体教学工具的目的是优化演示效果，所以关键在于选择适合发挥多媒体特性的教学内容，制作多媒体教材，以便将抽象复杂的教学内容简单化、具体化。

3.4.4 游戏法，玩乐过程中学习

游戏法教学指通过游戏化的方式进行培训学习，这是目前比较流行的一种教学理论和实践。如果游戏能够使人快速专注某一件事情，那么将游戏与学习结合起来，不但可以使学员更容易进入学习状态，还可以使学生能够在愉快、轻松的氛围中学习，这样能够有效提升学习效果。

目前，游戏化学习的方式主要有以下四种。

1. 拓展体验式游戏

拓展训练最初是指在大自然中进行的一种野外生存训练。但是随着多年的发展，已经逐渐形成了基于游戏项目组合的培训形式。

拓展训练中的游戏项目通常经过精心设计，然后以“团队目标 + 成员协作”的模式进行。游戏具有挑战性，让学员通过自身和团队成员的共同努力，达成具有挑战性的目标，从而获得成就感和荣誉感。

当培训课程内容中出现团队协作、凝聚力以及意志力等内容时，可以考虑这一类游戏。

2. 沙盘模拟体验式游戏

沙盘是一种按照实际生产环境进行模拟推演的学习技术，主要应用于企业的经营管理领域。同拓展训练类似，都属于体验式学习。通过对实际经营环境和具体业务问题的模型抽象，进行游戏的设计，再让学员在模拟环境中实践知识理论。图 3-8 为沙盘盘面。

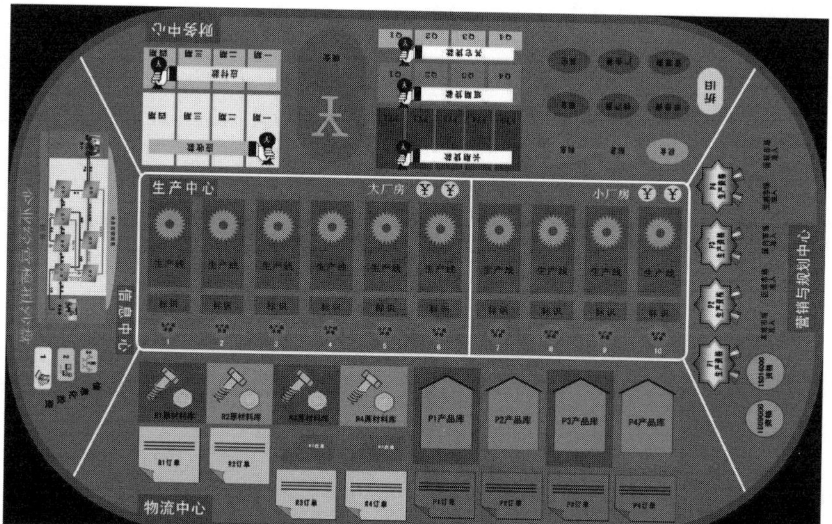

图 3-8　沙盘盘面

从图 3-8 可以看到，模拟沙盘教具主要包括六张沙盘盘面，代表六个相互竞争的模拟企业。模拟沙盘按照制造企业的职能部门划分了职能中心，包括营销与规划中心、生产中心、物流中心和财务中心，各职能中心涵盖了企业运营的所有关键环节。

学员扮演不同的角色，并承担相应角色的岗位责任，一般包括首席执行官（CEO）、营销总监、运营总监、采购总监和财务总监等主要角色，针对一些情况和突发状况做出反应和应急处理。

沙盘模拟是一种全新的体验式教学，借助沙盘模拟，可以强化学员的管理知识、训练管理技能并且全面提高学员的综合素质。沙盘模拟教学融理论与实践于一体、集角色扮演与岗位体验于一身，可以使学员在参与、体验中完成从知识到技能的转化。

3. 搭建拟真场景做仿真培训

仿真训练指的是在虚拟的环境中搭建出拟真的实际操作，使之与工作场地类似，使用工具、设备和技术与实际工作相似，并严格按照真实的情景来学习和训练如何处理工作中的实际问题。常运用于技术实操类场景的岗前培训，图 3-9 为某汽车驾驶的仿真培训。

图 3-9 仿真驾驶培训

仿真训练通过在沉浸式的拟真环境中学习和反馈，对学员的不当操作进行即时响应，教练给予直接的指导，让学员进行刻意练习，能有效提高技能熟练度，提升各种应急突发状况的应对能力。

4. 融入游戏元素后的学习软件进行学习

利用学习平台学习是一种新型的游戏学习方式，融入游戏元素后的学习平台，增加了学员与学员之间的互动，丰富了学习的内容，较大程度上提高了学员学习的积极性。图 3-10 为英语类的游戏学习软件。

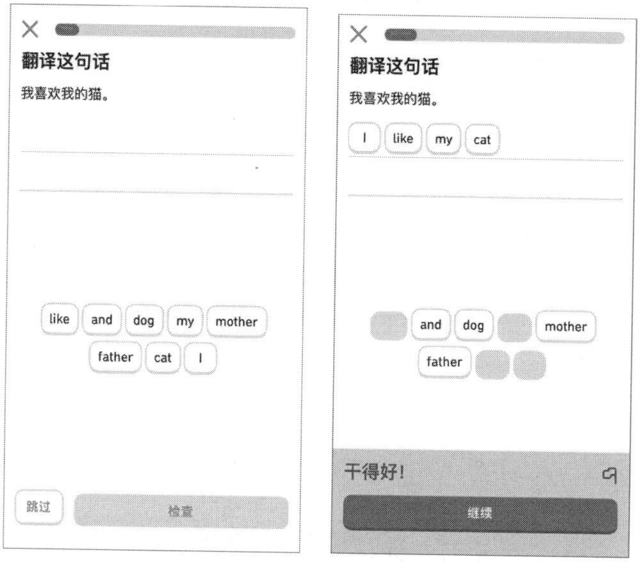

图 3-10　游戏学习软件界面

这类软件中，在学习的基础上添加了游戏的元素，例如排行榜、竞赛机制、奖励机制、荣誉机制以及任务机制等，丰富了单一的学习方式，使学习变得更加有趣。

融入了游戏元素的学习平台对学员在平台上的每个学习活动赋予直观的价值，再融入竞争、挑战等引导性机制，诱发学员内在动力，促进学员持续性地投入学习。

但是，上述的游戏式学习通常花费成本较高，且针对性较强，难以满足普遍性的课程内容。所以对于一般性的游戏式学习可以在培训过程中添加一些小游戏，一方面可以缓解学习过程中的枯燥，另一方面也可以提升学员们的活力。

这类小游戏有很多，根据作用的不同，可以对其进行如下分类：

◆ 破冰类游戏

破冰类游戏主要帮助新学员之间快速熟悉，降低陌生学员之间的尴尬。比较常用到的游戏包括名字接龙、猜猜我是谁等。

◆ 暖场类游戏

暖场类游戏主要运用在课堂前或课堂中，可以快速提升学员们的活力，缓解他们的疲倦感。常用的游戏包括大树与松鼠、团队节奏和变通玩法等。

◆ 沟通类游戏

沟通类游戏主要促进学员们之间的沟通和交流，帮助学员增进彼此之间的感情，比较常用的游戏包括环环相套、蒙眼作画和你比我猜等。

◆ 团队协作类游戏

团队协作类游戏通常在课间休息时进行，不仅可以活跃气氛，还可以提升团队的凝聚力。比较常用的游戏包括传瓶游戏、交头接耳等。

3.4.5 案例分析法，提升参与感

案例分析法是一种以案例为基础的教学方法，它通过一些典型的案例，使学员仿佛置身于真实的情景中，然后鼓励他们通过课程中学习到的知识来分析，并解决相应的问题。

案例教学并非简单的在课堂中讲述案例，它既需要能吸引学员的注意力，还需要能引导学员们进行深入地讨论，这就要求培训师遵循一定的案例教学方法。案例教学的方法如图 3-11 所示。

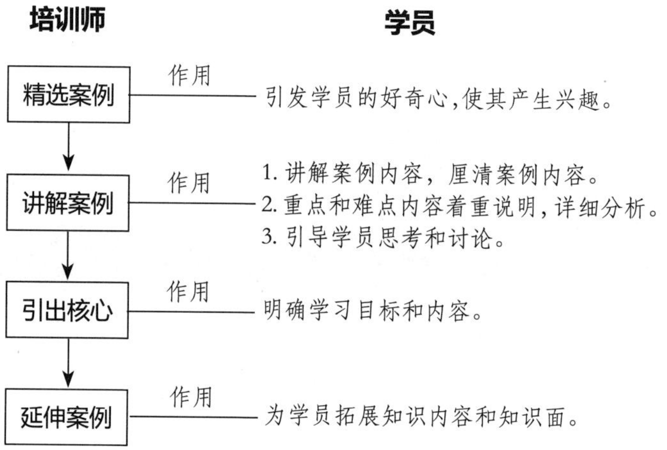

图 3-11　案例教学流程

从案例教学的方法来看，其中最重要的是案例的选择，如果选择的案例典型、有意义且有吸引力，自然可以为案例教学加分，使学员的学习效果更好。同样的，一个失败的案例，也能让案例教学的效果大打折扣。所以，每一位培训师以案例教学时必须慎重选择案例。

用于说明、证明观点的数据、图表、场景、故事和事例等，都可以作为案例。但在实际培训课程中进行案例选择时，要注意区分案例的类型，不同类型的案例具有不同的作用。案例主要分为以下三类：

- **描述型案例：** 描述型案例又被称为实例展示型案例，是指案例中包含了对某一问题的出现直到解决的全过程的描述性介绍，包括方案、结果，从头至尾表达出来，然后针对其中的关键点做重点分析。

- **评论型案例：**主要是对现实状况再现的基础上，对案例进行总结或者评述性分析，让学生从中学到一些分析方法或者经验。这种案例比较适合对本科生或者专科生的案例教学使用，因为本科生的理论和实际经验不足，通过这种形式的学习，正好可以达到学习的目的。
- **讨论型案例：**与评论型教学案例不同，它主要是把现实情况再现，不做评述和经验总结，由案例学习者进行讨论学习，一般也没有正确的答案。它适合研究生等高层次教育的学习需要，因为他们一般都有一定的理论知识和实践经验，通过讨论和思维启发就能达到学习的目的。

案例分析法的课程培训流程如下：

①选择典型的案例，案例最好具备多解性，能够从不同的角度对其进行分析。

②选择的案例应该与课程主题或教学目标直接相关。

③培训师应该引导学员们对案例进行讲解。

④培训师与学员就案例内容进行延伸讨论分析。

⑤培训师针对讨论的结果进行总结，指导学员掌握相关知识。

在案例教学中，培训师还需要掌握一定的技巧，可以帮助引导学员产生思考，具体如下：

- 选择的案例应该尽量客观且真实，案例中的问题应具备典型性。
- 讨论之前，培训师应该将案例的背景完全交代清楚，确认学员们理解清楚所要讨论的问题再开始。
- 在案例讨论的过程中，培训师应该保持中立，不要刻意引导学员朝着自己的想法进行分析讨论。

● 为了提高讨论的热情与积极性，培训师还可以刻意适当地挑起一些争论，让讨论更激烈。

● 讨论的最后，培训师要注意总结归纳重点，整理培训课程的核心。

案例分析法通常比较适合培养学员们独立思考的能力，引导他们自我摸索。因为在这样的培训方式中，学员们占据主导位置，耗时较长，所以更需要培训师们慎重地挑选案例。

3.4.6 参观教学法，真实感更强

参观教学法指培训师组织学员到实地去观察、调查、研究和学习，以便学员能够对课程知识和内容有真实的感受，从而有效提高教学效果。

根据参观的时间不同，可以将参观教学法分为三种类型，见表 3-2。

表 3-2 参观教学法类别

方法	说明
准备性参观	准备性参观指的是组织学员在课程知识学习之前进行实地参观，交流学习，为之后的新知识学习打下基础
并行性参观	并行性参观指的是在学习课程知识的过程中组织学员进行实地参观，让学员能够一边学习理论知识，一边感受实操，使学员能够将理论知识与实际进行紧密结合，从而提升教学效果
总结性参观	总结性参观指在完成了课程知识的理论学习后，组织学员们进行实地参观教学，可以帮助学员加深理解，强化所学的知识内容，使其印象更深刻

参观教学法相对来说比较简单，主要是结合实地情况，做好相应的准备和处理即可，具体来看包括以下三部分：

①做好参观前的准备工作。培训师应该在参观教学前做好相应的准备

工作，包括联系参观单位、参观地点和参观内容，提前制订详细的参观计划。另外，还要提前通知学员准备相应的物品，例如上课工具。

②参观过程中要组织学员们按照步骤有组织地参观，同时还要引导学员们观察、思考和讨论。对于学员们过程中提出的问题，培训师要仔细听认真答，必要时还可以请在场的专业人员进行指导。

③参观结束后，培训师要组织学员做好课程总结，加深学习印象。

3.4.7 头脑风暴，引起思维共振

当一群人围绕一个特定的兴趣领域产生新观点的时候，这种情境就叫作头脑风暴。而头脑风暴应用在培训上指的是通过学员思维共振，引发连锁反应，进而产生联想，激发出学员的各种方案设想。这样的培训方式可以充分调动学员培训的主观能动性。

头脑风暴法中因为学员讨论没有拘束，所以能够更自由地思考，进入思想的新区域，从而产生很多的新观点和问题解决方法。当学员有了新观点和想法时，他们就大声说出来，然后在他人提出的观点之上建立新观点。所有的观点被记录下但不进行评价。只有当头脑风暴会议结束的时候，才对这些观点和想法进行评估。

因此，头脑风暴法的培训流程包括以下七个步骤：

①确定需要讨论的问题。

②准备培训。

③组织参与的人员。

④宣布课程主题。

⑤展开头脑风暴。

⑥整理问题，找出其中的重点内容。

⑦会后评价总结。

头脑风暴法中的关键在于四个规则，如果没有遵守这四个规则会直接影响头脑风暴培训的效果。

- 过程中针对学员们提出的想法和意见，不要评价和判断。培训师任何的评价手势和语言等，都会直接影响学员的讨论效果。
- 鼓励学员说出自己的想法和意见，不加限制，任何想法都可以。
- 在讨论时尽可能多地收集学员们各种各样的想法，注重想法的数量而非质量。
- 鼓励学员们在他人见解上进行再创造。

第 4 章

提前准备，才能不怯场

课程内容设计完成之后，还不能开始培训，培训师还要为培训提前做一系列的准备工作。准备工作越充分，培训师的底气越充足，才能不怯场，让自己在培训过程中更放松。

4.1 培训师的自我准备，必不可少

培训师的自我准备指的是，培训师在培训开始之前调整好自己的心理状态，克服紧张情绪，尤其是第一次上台讲课的培训师，这一过程更是必不可少。培训师做好心理准备能够让自己在培训过程中更加从容、稳定。

4.1.1 培训师需要具备的核心素质

一个优秀的培训师除了自身具备丰富的知识和行业技能之外，还需要具备一定的核心素质才能提升自己的培训力，也就是对学员们的影响力，使学员们更愿意听课。

具体来看，培训师必须具备以下六种能力：

1. 沟通能力

培训师在培训中起到课程知识与学员之间的桥梁作用，目的是将书面的、死板的课程知识，通过自己的讲解和分析，让学员们理解和掌握。这就要求培训师自身需要具备一定的沟通能力。

- 培训前对课程内容的沟通理解能力，培训师要能够准确找出课程中的重点、难点，并正确理解课程知识。
- 培训过程中，培训师需要与学员建立良好的沟通，及时了解和掌握学员的学习进度和程度，推动课程的进程。
- 培训课程结束后，要积极与学员沟通，了解学员的不足和困惑，积极且耐心地解答。

2. 观察能力

培训师需要具备良好的观察能力，能够在日常的细微生活日常中收集和掌握与培训相关的信息，以便用于日后的课程内容中。另外，培训师还需要细心观察培训中学员们的反应，了解他们真实的学习状况，包括语言反应和非语言反应。

3. 组织能力

培训师的工作离不开日常的培训活动组织安排，包括教学目标、课程内容、授课形式以及课程设计等。另外，培训的场地，包括培训时间、地点、人数和设备设施等，都需要培训师来组织安排。因此，一场完美的培训活动需要培训师具备较强的组织能力。

4. 表达能力

表达能力又被称为表现能力，它指的是一个人把自己的思想、想法和意图等，用文字、语言、表情和动作等清晰明确地表达出来。对培训师而言，培训师的大部分工作都要求其具备良好的表达能力，能够向学员清晰、准确地传递知识信息。因此，也可以说，一个培训师是否优秀与其表达能力的强弱直接相关。

5. 学习能力

培训师需要具备一定的学习能力，能够不断钻研课程知识，汲取更多新的知识，尤其是信息时代，学员们接触信息的渠道较为广泛、速度较快。所以培训师更应不断学习提升自己，更新自己的知识储备，才能使自己的教学不被时代所淘汰。

6. 引导能力

培训师还需要具备引导能力。引导能力要求培训师在面对十几个或上百个陌生的，甚至可能比自己年长的成年人时，有能力去引导他们的思维，让他们能够遵循自己的引导进行学习。如果培训师的引导能力不足，学员们就容易出现开小差，或是无法理解知识的情况，自然对培训不感兴趣。

4.1.2 确定类型，找准自己的定位

培训师根据培训目的的不同分为不同类型的培训师，且不同类型的培训师具有不同的工作职责，所以每一位培训师在正式开展培训课程之前都要明确自己的培训类型，找到自己的定位，才能更好地完成培训工作。

培训师的类型大致上可以分为以下四类：

- 实战型培训师

实战型的培训师指的是培训师具有专业技术知识，或者是在某一行业领域中具有丰富实战经验的人。他们比起书本的理论知识，更注重实战的技能培训，其课程以向学员传授自己的实战经验为主，帮助学员们快速掌握更多的实战技巧，实用性更强。

- 知识型培训师

知识型培训师通常以学者、专家的身份做演讲类型的培训，他们更注重将系统的、完整的知识体系和内容传授给学员，并帮助学员们划分重点和要点内容，以便学员能快速掌握相关的知识。

- 技能型培训师

技能型培训师指的是培训师本身是具备过硬的技术、业务熟练和经验丰富的实操性人员。比较常见的是企业内部培训时，让某一岗位上的专业

技术人员作为培训师为新员工做培训。这类的培训师专业技术能力毋庸置疑，但是往往在语言表达能力和课程组织能力方面存在欠缺，从而影响培训的效果。

- 演讲型培训师

演讲型培训师通常自身具备丰富的知识和经验，且富有激情，注重现场的效果，往往以妙趣横生的讲授吸引学员的兴趣，调动学员的积极性。结果往往是掌声雷动，但是培训效果却不佳。演讲型培训师通常在培训动员会之初比较常见，但在后期真正的培训过程中并不常见。

需要注意的是，不论是什么类型的培训师都需要不断学习提高自己，弥补自己的不足，才能够最终成为既有魅力，又专业的培训人才。

4.1.3　培训师的自我介绍，必不可少

培训师自我介绍是培训正式开始前的重要一环，可以起到暖场破冰的效果，也是学员对培训师的第一印象。所以培训前短短几分钟内的自我介绍非常重要，既要出彩，也要给学员留下良好的第一印象。

在设计自我介绍之前，培训师要理解自我介绍的具体作用，才能有针对性地进行设计。通常来说，培训师的自我介绍具有如下几项作用：

- 介绍自己，让学员对自己有一个初步的印象，并快速记住。
- 吸引学员的注意力，最好是能够引起学员的兴趣。
- 给学员以亲切的感觉，快速破冰，免除陌生不熟的尴尬。
- 让学员简单了解培训师的专业性和权威性，以便让学员对培训师产生尊敬感，对培训课程也更期待。

培训师的自我介绍设计主要包括下列几点：

1. 自我介绍的内容

一般来说，比较常规的自我介绍包括姓名、工作经历以及课程关系三部分。

姓名，通常是第一项，也是基础项，但是如何将名字讲得更有趣，更吸引学员，这就需要培训师自己下功夫了。比较惯用的方法包括讲名字来历的故事、出处和意义等。其次，如果培训师的名字比较生僻，还可以利用谐音、地名或名人等进行介绍，一方面可以让学员们产生联想更快理解培训师的名字；另一方面也能帮助学员记住培训师的名字。然后，还有比较直接简单的拆字法、照片等，直接向学员讲解自己的名字。

完成名字介绍之后，通常还要向学员简单介绍自己之前的工作经历，可以帮助学员加深对培训师的了解，也能让学员相信培训师的专业性与权威性。因此，培训师在介绍工作经历时，应尽量选择与课程相关的工作背景和经历。

最后还要向学员介绍自己与当前培训课程的关系，例如主讲培训师、主导研发或者是培训管理等，让学员了解自己的职责内容，以便学员能够针对性找到自己解决相关问题。

2. 自我介绍的时长问题

培训师在做自我介绍时要注意考虑时长的问题，时间过长会让人觉得拖沓，产生厌恶情绪，尤其是工作经历，如果花费过多时间介绍会让人觉得过度自夸，反而会产生不良情绪。如果时间过短，又会让人觉得过于仓促，准备不充分的感觉，从而留下不好的第一印象。因此，培训师的自我介绍时长控制在 2 分钟以内比较好。

3. 自我介绍要有特色

精彩的自我介绍应该是带有培训师个人色彩的，能够让学员通过培训师的自我介绍快速简单了解培训师这个人的基本信息，包括姓名、经历及性格特点等。这就要求培训师设计的自我介绍既要有固定化的内容结构，又要有特色化的定制内容。

“特色”一词比较宽泛，看起来比较难以理解，实际上就是培训师结合自己的性格特点，利用自我介绍进行展示即可。例如性格比较幽默开朗的培训师，可以在自我介绍中增加一些笑话、段子或趣事等，既活跃气氛，亲近学员，也能体现自己的性格特点。

下例为某培训师的自我介绍实例。

案例实操

人事行政培训师的自我介绍

大家好，我是你们未来21天培训课程的培训师钟××，钟是钟鼓的钟。钟是一种打击乐器，希望我这个钟鼓能够在21天的时间里，将培训的钟声传到各位的心里，引起大家的共鸣。

我2014年进入公司，做了3年的人事行政专员，然后又做了2年的人事行政主管，在人事行政这一方面颇有心得，希望能够在之后的培训过程中与大家分享我的一些经验，帮助大家顺利进入人事行政岗位。

4.1.4 培训师克服紧张心理的办法

紧张是一种正常的心理和身体反应，适度的紧张可以让我们的精力高度集中，有更好的表现。但是，过度的紧张也会让人说话结巴，思维混乱，心跳加速，大脑空白，紧张忘词，心慌，手抖，声音颤抖，腿抖……这样会严重影响培训效果。尤其是许多第一次做培训授课的培训师更容易紧张，所以培训师有必要了解一些缓解紧张情绪的办法。

1. 心理暗示法

心理暗示法指个人通过自我积极的心理暗示和鼓励，进行自助的方法。它实际上是通过自我评价来对自我进行一种暗示，消极的自我暗示可以导致消极的行为，而积极的自我暗示则可以带来积极的行为。

因此，培训师在培训前应始终坚信“我能行”“我可以处理好”“我有信心”等，给自己足够的心理暗示，从而缓解自己的心理压力，降低紧张情绪。

2. 呼吸法

人感到紧张时往往会觉得呼吸急促，难以平静，此时可以借助呼吸法来适度缓解自己的情绪。呼吸放松法是指一种通过呼吸调节能缓解紧张情绪的方法。呼气要自然而然地、慢慢地把肺底的空气呼出来。此时，肩膀、胸甚至膈肌等都感到轻松舒适。在呼吸时还要想象着将紧张徐徐地驱除了出来。呼吸时要注意放松的节拍和速度。

可以通过以下两个步骤来完成：

①闭眼，放慢呼吸，放松身心。

②可以通过数数来调整呼吸节奏，或者反复默念“吸气，呼气”。

3. 音乐法

音乐具有感染力，人听到激动高亢的音乐容易兴奋，听到悲伤、难过的音乐容易压抑。同样的，当我们感到紧张不安时可以听一些轻音乐、抒情音乐或是明快的音乐来舒缓紧张情绪，使自己从紧张的心理状态中抽离出来。

4. 运动法

人在运动的时候可以促进人体大脑多巴胺的分泌，从而可以让人保持心情舒畅，缓解紧张焦虑的心情。因此，培训师可以在日常的生活中做一些规律的、温和的有氧运动，可以帮助情绪调解，缓解紧张情绪。例如快走、慢跑、瑜伽、太极、骑自行车或是游泳等，都可以。

5. 降低意义

当我们在心理越是看重一件事情时，就会越发紧张。这是因为我们潜意识将这件事情赋予了重要的意义，例如培训师第一次上培训课，要给学员们留下好的第一印象，不能出错，所以感到紧张。

但是需要注意的是，你越看重这件事，你的焦虑和紧张情绪就会被放大，因此，可以在心里试着降低这件事的意义，以平常心来对待，压力小了，自然就不紧张了。

4.2　培训室的硬件准备，万无一失

除了培训师的自我准备之外，还要做好培训室的硬件准备工作，硬件准备是培训必要的外部条件。好的外部条件能够帮助学员心无旁骛地投入到培训课程的学习中，从而提升培训的效果。

4.2.1 如何找到适合的培训场地

很多公司的内部会议室无法实际满足员工的培训要求，所以往往需要提前租赁外部的会议中心或者是酒店的会场，因此，看场地和选择场地也就成为培训的一项重要工作。

那么，看场地具体应该看哪些方面呢？见表 4-1。

表 4-1 培训场地的选择要点

方向	项目	内容
外部环境	位置	看场地应该首先查看备选地点的位置，与公司的距离远近程度，时间消耗，附近的交通是否便捷，有没有堵车的现象等
	转场距离	转场是指学员在培训各环节之间的转场距离，包括学员就餐、休息等，转场过程中是否有明确的指示牌，学员是否能够顺利找到目的地等
	安全性	培训场地的封闭性情况，培训的安全性是否能够得到保障
内部环境	场地面积	会场的面积大小情况是否能够满足培训的需要，注意需要场地适中的会场面积，面积过大或过小都会影响培训的效果
	设备设施	确定会场是否能够提供培训相关的设备设施，例如投影仪、话筒、音响或多媒体等
	温度	会场内的温度情况，会不会过高或过低，是否提供空调等
	光线	会场内的光线程度，会不会光线过强，或光线过暗，影响视觉效果
	噪音	会场是否安静，隔音效果好不好，周围有没有噪音影响

续表

方向	项目	内容
会场方	价格	会场的价格是否在预算范围之内，有没有优惠等
	服务	会场方可以提供哪些会议服务，包括有没有茶水供应；有没有茶歇；是否提供专职服务人员，若提供有几名；是否提供纸笔等
	家具	会场内的桌椅摆设情况是否符合培训需要，能否搬动改变

从上述表格可以看到，培训场地的选择是一项比较细碎、烦琐的事情，所以要求培训人员查看时更要多方考量比较，才能选择到适宜的场地。

4.2.2　培训场地的布置

培训的场地需要培训师精心策划和安排，合理的培训场地布置能够营造出良好的课堂氛围，帮助学员更快速地融入学习的情绪中，也能避免分神，使学员学习更集中，从而达到事半功倍的效果。

培训场地的布置方法有很多，不同的布置法可以达到不同的效果，因此，培训师可以针对培训主题、学员规模以及培训目标等因素来进行布置。下面来介绍一些实用性较强的培训场地布置方法。

◆ 传统的课堂布置法

传统的课堂布置法指前面预留空位作为讲台，后面整齐排列的课桌椅的排列方式，如图4-1所示。传统的课堂布置法优点在于学员数容纳量较大，布置简单快捷，但是这种布置比较适合传统的讲授式培训，不利于学员与培训师之间互动交流。

图 4-1　传统的课堂布置法

◆ U 形场地布置

U 形场地布置指将桌椅摆放成 U 形，培训师可以站在 U 形内部与学员交流互动，如图 4-2 所示。U 形的场地布置更能帮助培训师观察每一位学员的上课情况，互动性更强。但学员之间不方便沟通，对培训师的讲授课技巧和现场控场能力要求较高。

图 4-2　U 形场地布置

◆ 三长方形场地布置

三长方形场地布置指将课桌布置成三个长方形，根据讲台方向视角进行调整，如图4–3所示。这样的布置比较适合企业内部中型规模的培训课程。

图 4-3　三长方形场地布置

这样的布置可快速增加学员之间的了解，提高培训的气氛，使现场更加活跃。但是，坐在两侧的学员容易受到坐姿的影响而降低上课的效率。

◆ 圆桌形场地布置

圆桌形场地指将桌椅摆放成圆形，使学员们的连接可以更紧密，也有利于学员们之间交流互动，如图 4–4 所示。但是，部分学员可能会背对培训师，或者是斜对着培训师，会影响听课效果。

图 4-4　圆桌形场地布置

实际上，场地布置的方法有很多，除了上面介绍的，还有半圆形场地布置、八字团队式等，只要培训师能结合实际情况自行选择或自由设计都可以，没有限制。但是，在布置时要遵循以下三个要求：

①培训场地的布置应该为培训学习服务，而不是学员，因此不能够以学员舒适为中心去设计。

②培训师要确认每个学员在位置上都能清楚听到且看到培训内容，并能与培训师做眼神互动交流。

③课桌椅的摆放不能过于拥挤，但同时也不能过于疏远、分散。

4.2.3 培训的物料提前准备齐全

培训场地布置完成之后，培训师还要提前将培训课程中需要用到的物料准备齐全，并将它们分别放置在适合的位置上。具体见表 4-2。

表 4-2 常规培训需要用到的物料

设备	单位	数量
电脑	台	1
投影仪	台	1
投影屏	台	1
麦克风	支	2
功放	台	1
音响	台	1
翻页笔	支	1
音频转换器	个	1

续表

设备	单位	数量
音频线接头	个	2
教杆	根	1
手表与计时器	个	1
无线接收器	台	2
课桌 / 椅	张	视学员数量而定
学员资料	份	视学员数量而定
培训师课件	份	1
白板、黑板	个	1
学员上课课件	份	视学员数量而定
培训纪律制度	份	1

4.2.4　设备提前检测和控制

为了保证培训能够顺利开展，培训师应该在培训开始之前对培训过程中需要用到的设备进行检测和控制，避免在培训过程中出现纰漏。

常见的设备测试包括设备检查、器材检查和物料检查。其中，最为重要的是包括麦克风测试、投影仪测试和多媒体电脑测试。一方面要测试它们是否能正常工作，另一方面还要将不能工作需要报修处理的设备提出来，进行确定，然后给出处理办法。

因此，工作人员需要根据检测结果编制结果统计表，方便及时处理跟进，见表 4–3。

表 4-3　设备检测统计表

物料	名称	状态	处理意见
设备	电脑	反应较慢、经常卡顿	建议及时维修
	麦克风	1 支故障，1 支良好	建议重新购入
	调音台	输入接口损坏	建议及时维修
器材	桌子	两张桌子有损坏	建议及时维修
	椅子	缺 4 把椅子	建议添加

另外，还要对培训室内的设备进行测试检查，具体如下：

- 培训室内的音响设备是否正常，包括音量大小，音质是否清晰等。
- 培训室的照明设备是否正常，是否有灯具损坏的情况。
- 投影仪和多媒体电脑是否能正常工作。
- 培训室的白板笔是否能正常使用。
- 激光笔是否能正常使用。
- 培训室内的电源设备是否良好。

课前导入，好的开始是成功的一半

培训师讲课的第一步是课程导入，好的课程导入可以提升教学的质量和学员学习的效果。而如何巧妙、自然地导入课程是对培训师的考验，需要讲究一定的方式方法，本章来重点学习课前导入。

5.1 课前导入的原则和需要避免的忌讳

课前导入一般在10分钟以内，而培训师需要在这段时间里结合课程内容，做好导入工作，让学员们对课程内容产生兴趣，快速进入学习的氛围中。但是这并不容易，需要遵循一定的原则和规避一些忌讳，否则可能出现偏离课程内容，学员觉得无聊，甚至是厌倦学习的情况。

5.1.1 课前导入遵循的原则

课前导入的方法有很多，并且因为培训师的不同，还可能产生一些极具个人风格的课前导入方法。但是，不论培训师如何设计课前导入都需要遵循下列原则：

1. 目的性原则

目的性原则指的是培训师自己必须清楚这样设计导入的目的是什么，以及希望达到一种什么样的效果。所以，要求导入的方式和类型必须以课程教学目标为目的，并围绕教学重点展开，更不能只顾追求新颖、有趣而脱离教学内容。

2. 启发性原则

启发性原则要求课程导入的设计内容必须对学员学习课程内容具有启发性，能够更好地引导学员发现问题，展开思考，从而激发学员们的学习热情。培训师通常以设置悬念、创设情景、游戏等方式来达到该目的。

3. 关联性原则

关联性原则要求培训师设计的课程导入内容需要与本堂课的内容具有

一定关联。因为学员学习新的知识通常是建立在过去的经验和知识积累之上的，所以培训师如果能够准确找到新旧知识间的关联，引发学员思考延伸，就能够顺利实现知识的过渡。

4. 趣味性原则

趣味性原则指培训师在设计课前导入时可以适当添加一些趣味性的内容，吸引学员的注意，提高学员的学习兴趣。如果学员对导入的内容表现出强烈的兴趣，就会主动的、积极地投入到学习中，这样可以极大程度地提高学员学习的效果。

5.1.2　课前导入中的忌讳

虽然课前导入属于培训师自由发挥的内容，只要能够顺利引出当堂课的内容都可以，但是培训师还是要注意一些导入忌讳，否则可能会使导入效果大打折扣。

◆ 道歉式的开头

有的培训师比较谦虚，一方面想要获得学员的支持，另一方面也希望学员可以包涵后续课程中可能出现的一些问题，所以在课前导入时以道歉的方式开头。

例如“不好意思，由于时间比较匆忙，今天准备的不是很充分，还望大家多多包涵！”

这样的导入方式，必然会引起学员的不满情绪，严重的可能还有影响学员的学习兴趣。

◆ 消极式导入

消极式导入指培训师在导入时表达出明显的负面、消极情绪。情绪是具有感染力的，培训师的情绪必然会对学员造成影响，如果培训师自己就对这个课程产生怀疑的消极情绪，自然学员也不会想要深入地投入到该课程的学习中去。

例如“其实，这个知识点非常简单，也没有什么讲的必要，我也不知道为什么公司要安排我来这里跟大家说这个。”

◆ 过度夸大式导入

有的培训师为了能够让学员们可以更积极、认真地听讲，有时候会刻意夸大自己的能力和经验，希望引发学员们的好奇、崇拜心理。但是，实际上，这种过度夸张的炫耀式导入只会引起学员们的反感和厌恶情绪。

例如“这方面，可以说在整个公司只有我才能……”

5.2 设计专业的开场白

开场白是课前导入的第一步，也是培训师给学员的第一印象。好的开场白能够帮助培训师在学员心理树立形象，也能够有利于对后续课程的学习。因此，培训师们有必要精心设计自己的开场白。

5.2.1 设计开场白的作用

很多培训师对开场白并不重视，认为无非就是几句话带过的事儿，没那么多的讲究。其实不然，开场白在培训课程中具有很多重要作用，具体如下：

1. 快速吸引学员们的注意

许多培训师都有感受，培训马上就要开始了，但是很多的学员还在玩手机、聊天，甚至有的学员直接表现出不耐烦的情绪，这些情况都让培训师内心变得焦虑。

此时，一个好的开场白可以快速吸引学员们的注意力，帮助他们收回情绪，并开始关注培训。

2. 帮助了解建立关系

开场白能够帮助培训师与学员破冰，为建立良好的师生关系打下基础。培训师与学员通常彼此并不了解，甚至可能处于陌生的状态，这时候师生关系往往处于冰点状态，具体如下：

①培训师还未进入授课状态。

②学员对培训环境、培训师还比较陌生。

③学员与培训师之间存在距离感。

此时，培训师设计的开场白可以帮助学员快速了解培训师，包括培训师的基本信息、语言特点以及性格特点等。另外，通过培训师的能力和资历背书也可以让更多学员相信培训师是可以给予自己某方面的帮助，使学员更愿意听课。

3. 明确培训目的

成年人参与课程培训目的性非常强烈，都希望能够在某一方面得到提升。所以如果培训师能够在开场白中直接点明培训完成之后学员可能得到的成果或成就，可以提高学员学习的信心，使他们更愿意参与到学习中去。

例如，这场培训结束后，相信大家都能运用操作技巧来简化日常操作流程，从而快速提升工作绩效，让自己的生产率从 1.2 提升至 1.5。

4. 聚焦问题核心

有的学员在面对培训时比较抵触，觉得耽误时间，是无意义的，只是应上级领导的要求需要做培训，所以就来了。因此，培训师应该聚焦问题，利用开场白来激发学员的兴趣，以便促进学员在之后的培训学习中能表现得更加积极。

实际上就是找到学员们的痛点，提高学员们的重视程度和兴趣。比较常见的有问题法和利益法。

◆ 问题法

问题法就是通过前期的培训需求分析结果，向学员实际说明他们工作的困境，以及造成这些现象的原因，结合实际的数据引起学员重视。

例如，美妆行业培训师在培训开场时对同类商品同一地区的不同门店业绩进行分析对比，发现该门店的业绩相比其他门店低了 1 个点，此数据差额说明该门店员工的销售能力低于公司其他门店，所以需要对其进行销售技能的培训。

这里就是利用数据法来展示痛点。如果不做这样的开场白设计，那么该门店的员工不知道其他门店的业绩情况，还一直处于舒适圈中，还认为自己不需要培训，就不会重视培训。

◆ 利益法

利益法指培训师可以在开场白中点明，此次的培训与学员们有什么直接相关的利益，即学员们通过此次培训可以得到些什么？当利益与自身相关时，每位学员都会提升培训学习的积极性。

例如，某管理培训课程，培训师可以说明公司有意在受训的学员中选择预备干部，为后期的提升做准备，因此各位学员需要提前培训相关的培训课程。

5.2.2 开场白的常用方法

开场白虽然很简单，但是能让人耳目一新，快速吸引学员关注的开场白就需要讲究一定的方式方法。下面介绍一些比较实用的开场白方法。

1. 提问式的开场

提问式开场是最简单、最直接的一种开场方式，也是最容易掌控的一种开场方式，无论在哪种培训课程中都可以使用。

案例实操

企业人才招聘技能培训的提问式开场

各位同事大家好，欢迎大家来参加今天的培训。相信很多人都喜欢看电影，有一部电影《天下无贼》不知大家是否看过？其中，有几句非常经典的台词相信很多人都知道，是什么呢？

对的，二十一世纪什么最珍贵？人才。对于企业来说，人才是直接推动企业发展的原动力，而今天在座的各位是人事招聘中的关键人员，也是为企业招聘人才把关的关键角色。那么，如何才能招聘到合适的人才，为企业创下最大的价值呢？这就是我今天要和大家分享的主题——企业人才招聘技能分享。

培训师在这个开场中连续提出了几个问题，且这些问题比较简单，目的是想得到大家的响应，引起大家的注意，然后顺利将话题引入到人才招聘的问题上。

2. 故事开场白

爱听故事是人的天性，培训师可以抓住学员的这一特点，结合课程内容设计一些具有故事性的开场白，提高学员们对课程的兴趣。故事来源比较广泛，可以是我们日常看到过的报纸杂志、电影或电视，也可以是我们的个人经历。

但是需要注意的是，在开场白讲故事时候要注意以下几点：

①用于开场的故事不一定要和课程内容或主题联系，可以和培训实际情况，学员状态，以及可以帮助学员们快速集中注意力的故事都可以。

②一般为小故事，所以最好不要太长，也不要太复杂，可以在两分钟内说完。

③故事要有内涵，有品位，不能出现粗俗的故事。

④故事要新颖，不落俗套，尽量选择一些生僻的，学员们没有听过的故事。

⑤讲故事时要配合一些身体语言，以及语音语速的变化，可以提升故事的趣味性。

当学员的注意力被故事吸引过来之后，培训师就能够更加从容地开始自己的课程讲述。

案例实操

引用经典故事开启培训

我发现我们这个培训教师能够坐 40 ~ 50 人，参与课程培训的人在 20 人左右，但是前面几排基本上空白，大家都习惯性地向后坐。在这里我先给大家讲一个故事吧。

在英国的一个小村庄里面，有一个小姑娘从小就受到了严格的家庭教育，她的父亲经常对她说："你不论是做什么事情，都需要奋进全力去争取第一，能够走在前面就绝对不能走在人后面，即便是赶车出行，你也要做前排，看前排的风景。"父亲也不允许她说"太难了"或"我不想做了"之类的话语。

可能在现在看来，一些人会觉得对年幼孩子来说，这个要求严苛了。但是正是因为她从小受到了父亲的这种严厉教育，使得小女孩在之后的成长中表现得更加积极，也更向上。

在以后的日子里，无论是面对学习、生活，还是工作，她始终保持着勇敢向前的信念和信息，尽自己最大的努力去克服一切的困难，努力做好每一件事情，并用自己的行动践行永远坐在前排。

小姑娘上大学时，学校要求每个学生要用 5 年时间来学习专业课程的学习。但是她凭着自己顽强的毅力和拼搏精神，提前完成了课程的学习，更加难以置信的是，她的考试成绩也名列前茅。

小姑娘不单是学业上出类拔萃，在体育、音乐、演讲以及在学校的其他活动方面也都一直走在前列。学校的校长评价她，"她无疑是建校以来最优秀的学生，她总是雄心勃勃，每件事情都做得很出色。"

正因为如此，四十多年后，她连续四届当选为英国保守党领袖，并于 1979 年成为英国第一位女首相，且在政坛长达 11 年之久，她就是被世界政坛誉为"铁娘子"的玛格丽特·希尔达·撒切尔夫人。

其实，面对培训也是如此，你的态度决定了你的高度。

3. 引经据典式开场

培训师可以运用一些比较经典的，应景的诗句做开场，还可以引用那些经典的权威著作或者是一些名人名言作为开场白。一方面可以展示培训师的文化素养，另一方面也可以和学员产生知识的互动从而获得认可，还可以对培训内容起到画龙点睛的作用。

引经据典开场时要注意以下几点：

- 引用的内容要与培训主题相结合。
- 引用时要注意准确性，尤其是一些经典典故代表的含义要清楚。
- 尽量规避一些大家都知道的名言、诗词等。
- 引用诗句时要注意自己的朗诵技巧，否则会影响引用效果。

下面来看一个引经据典式的开场白设计。

案例实操

引用名人名言的培训开场白

某培训师在培训开始前说："今天在这里我想给大家分享俄国作家托尔斯泰的三句话。"

"第一句，这世界上最重要的人是谁？"（学员安静一会儿后，开始讨论思考）

"是现在在我眼前的人。"

"第二句，这世界上最重要的是什么？"（学员陷入思考）

"是现在我要做的事。"

"第三句，这世界上最重要的时间是什么？"（学员陷入思考）

"是此时此刻。"

“此时此刻，我们要做的最重要的事情是针对眼前的人的事——培训。”

4. 数据列举式开场

数据列举法开场指培训师在开场时通过一组详细且真实的数据，引起学员的注意。因为比起虚无的描述，通过量化的直接数据更能够让学员心里产生震撼，从而起到吸引学员的作用。

案例实操

人事培训的数据列举式开场

在某公司人事培训课程中，为了让学员们对员工关系管理引起重视，以便学员能够在后续的课程学习中可以更投入，培训师收集了公司的员工数据。

2020 年上半年，公司员工流失率行业月度平均值为 3.34%，与去年同期相比增加 1.18 个百分点；环比数据增加 0.39 个百分点。3.34% 的月度流失率预示着上半年员工流失率超过了 20%。员工流失率增加必然会增加企业的不稳定性，我们需要加强员工关系管理，降低员工流失率。

需要注意的是，数据列举法引用的数据时一定要准确，表达要清楚。在专业技术、产品知识、行业趋势及生产研发等培训内容方面时，可以多用数据列举法。

5. 询问式开场

询问式开场指培训师通过提出一些学员们感兴趣的问题，引起学员的注意，从而吸引学员的兴趣，集中学员的注意力。

提问的好处是能够与学员建立联系、激发兴趣、营造氛围、赢得期望并且引导听众思考，提高培训氛围。

开场白中提出的问题，无论是开放式的还是封闭式的，都必须与学员直接相关。应尽量问短平快的问题比较好，听众容易参与，连续提问互动性更强。

利用该方法时要注意以下四点。

①提出的问题需要与培训直接或间接相关。

②提出的问题能够引起绝大部分学员的兴趣。

③提出的问题要注意难度，问题的目的在于吸引学员的注意而非难住学员，适中即可。

④问题对听众有针对性，最好从学员角度出发刺激痛点。

下面看一个询问式开场的案例。

案例实操

信息处理培训课程的询问式开场

某培训师在信息处理课程开始前首先向学员们提出了一系列问题。

我们每天通过手机、电脑、电视、广告……接触各种各样的信息，有的信息让人打开格局，获得知识；有的信息完全是浪费时间，分散注意。但是你知道怎么来筛选这些信息吗？

①如何选择相关营销信息，让我们的产品获得更好的销售、业绩倍增？

②如何挑选有效管理信息，让我们的团队更有动力、自动自发运转？

③如何识别有价值的商业信息，让我们的企业更好地满足客户、做对战略、打造核心价值观？

这些就是我们这堂培训课的核心——信息的处理。

5.3　掌握课程导入的实用方法

通常开场白完成之后就可以正式导入课程内容，想办法投入到学习中了。课程导入的方法也有很多，下面我们介绍一些实用性较强的课程导入方法。

5.3.1　概念导入法——直接引入主题

概念导入法指的是培训师直接引出课程内容的关键性概念内容，这样的作用在于直奔主题，简单直接。这个概念可以是课程内容的中心概念，也可以是和主题相关的概念。但是，在选择时要注意以下两点：

①选择的概念需要具有一定的难度，最好能够让学员产生疑惑，然后通过后续的学习解开困惑。

②概念一定要正确。概念是此堂课的中心，所以引入时一定要注意正确性。

案例实操

运用专业概念导入销售心理学课程内容

某销售公司的一位培训师，讲授专业课程销售心理学时，开场就运用了概念导入法，直接选择主题中的关键概念导入。

“欢迎大家来加入销售心理学这门课程，大家知道销售心理是什么意思吗，它和消费心理是一回事儿吗？”

通过这样专业概念的导入，一下子就抓住了学习者的注意力，起到了很好的课程效果。

5.3.2 故事导入法——轻松引入主题

故事法除了可以在开场白中运用之外，还可以在课程导入中运用。它是通过一个有趣的故事导入主题，这个故事可以是发生在自己或者他人身上的真实事件，也可以是一个寓言故事。这样的导入方式，比直接性的概念导入更具趣味性。

案例实操

借助故事导入试算平衡表课程内容

某培训师在讲授试算平衡表课程时，就很好运用了故事导入法。这位讲师先用了一个小故事导入，故事内容如下：

一天，一个小男孩考试得了38分，非常伤心，又担心被家长批评，非常沮丧地走在回家的路上。遇到同学小张，在了解情况后给他支招儿，让他把“38”改为“88”。男孩受到启发后更改了成绩，高高兴兴地回了家。

回家后男孩将卷子放在爸爸面前，非常自信的将88分往前一放。爸爸仔细看了卷子，然后脸一沉，非常严厉地批评了男孩。

这时候妈妈跑过来，说：“为什么呢？”男孩自己也很委屈：“对呀，我都考88分了。”没想到爸爸气急败坏地将改好的分数往妈妈面前一放，妈妈也傻眼了。因为他们的儿子，只改了“38”的数字，卷子上面密密麻麻的“×”，与分数不相符。

故事讲到这，相信很多大家都会哈哈一笑，但在笑过之后，作为会计的我们，会有什么启发呢？

在会计中也是如此，“有借必有贷，借贷必相等”，单独更改一个数据显然是不会平衡的。

5.3.3 视频导入法——直观感受主题

视频导入法指的是正式讲课之前，培训师先播放一段视频资料，让学员可以更直观地感受到场景，从而引起学员们的共鸣。

视频导入分为两种形式：一种是培训师直接在网上精选与课程相关的视频播放，然后引入课程主题；另一种则是培训师自己制作与课程相关的视频。

两种方法中，第一种比较简单，只要选择与课程相关，能够引起学员注意，并提升学员兴趣的视频即可。

案例实操

精选电影片段导入客户购买需求识别技巧课程内容

某销售公司培训师为销售业务员讲解客户购买需求识别技巧的课程。在课程开始之前，该培训师首先为学员们播放了一段视频，选自某电影的片段。内容是：一位顾客到店里买手机，该顾客进店后非常着急，急迫地想要快速购买一台手机。但此时的业务员却不紧不慢地向顾客推销，且非常专业，从颜色、功能、型号和性价比等，都做了非常详细地介绍，最终顾客选择了一款手机后却发现该款手机断货了。

视频看完之后，学员们爆笑。此时，培训师说："销售每天都要接触各种各样不同的客户，而每个顾客的需求和状态都不同，所以如果我们仅用一套刻板地标准服务去应对，显然是不能满足客户需要的，也不能够为客户提供最优质的服务。因此，作为一名销售人员，我们需要快速地识别每一位客户的真实需求，然后为其提供最适合的服务。这也是我们今天需要学习的课程客户购买需求识别技巧。

从案例可以看到，该方法下的视频导入非常简单，一是要求培训师选择贴合课程的视频；二是要求培训师掌握一定的话题引入技巧，即可顺利完成导入。

然而，第二种自制视频导入相对来说比较麻烦，尤其是对不会制作视频的培训师而言，自制视频导入非常复杂。但是，自制的视频往往更贴合课程内容，也更能得到培训师想要的导入效果。视频制作的方法如下：

◆ 准备素材

培训师需要根据课程内容准备素材文件，文件包括但不限于纸质版剧情介绍、数字视频以及各种类型的文件。其中也可以是各种静态图像，例如我们常见 JPG 图片文件、TIF 图片文件等，都可以成为制作一段视频中的素材。

◆ 素材剪切

各种视频的原始素材都需要经过筛选形成一个新形式的素材，因此整个片段的筛选流程，被称之为剪辑。培训师制作视频时，可以选取其中的一个部分，也可以对整个视频进行剪辑处理，或者为其增加特效等，都可以让视频变得更加精致。

◆ 画面编辑

画面编辑指完成视频之后，还要对画面进行编辑处理。培训师可以利用各类的视频软件，也可以利用剪切编辑功能，对整个视频的各个片段，进行一次系统的编辑优化操作，然后根据实际需要，将整个画面按照时间、空间等顺序，更加流畅地表达出来。

◆ 过渡处理

视频画面经过剪切、编辑等处理后，培训师还需要对画面进行过渡效果处理。添加过渡特效后，可以让整个画面的排列以及画面的视觉效果更流畅，也更符合大众的审美。

◆ 添加字幕

字幕是视频的灵魂，一个清晰完善，且有趣的字幕会大幅提升视频的趣味性，尤其是当前比较流行的动画字幕，以及表情包等，都能精准地、有趣地呈现出视频内容。这样可以使视频更容易受到学员的喜爱。

5.3.4　问题导入法——引发主题思考

问题导入法课程指培训师设计一个或几个与课程主题相关的问题，在课程开始后向学员提出，从而引发学员思考的导入方法。

问题导入法的教学模式如图 5-1 所示。

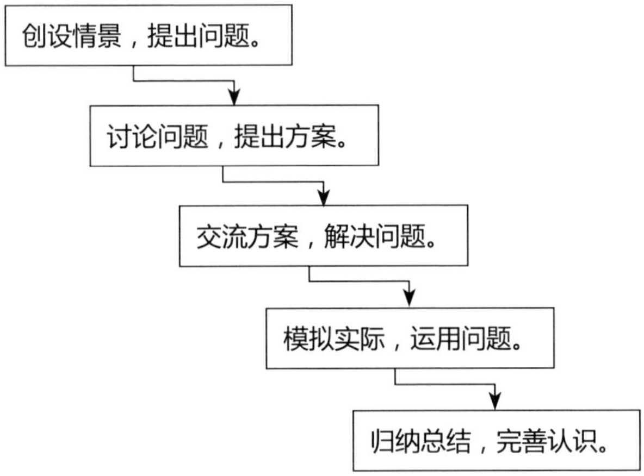

图 5-1　问题式导入教学

需要注意的是，问题导入法与提问式开场有区别。虽然同样都是提问引发学员思考，但是作用却完全不同。从上图也可以看到，问题导入法是以该课程的正式内容导入，目的在于引发学员关于课程内容的深入思考，所以提出的问题往往会更深入一些，并且融入教学的整个过程中。

提问式开场目的在于快速吸引学员的注意力，使其注意力转移到课程上来，所以提问时通常会简单的联系当堂课的课程内容。

案例实操

问题导入法招聘岗位人员能力需求课程内容

某公司的行政部门员工要参加一场招聘岗位人员能力需求培训课程。在课程开始的时候，培训师率先向学员提出一个问题："各位同事都参与过企业招聘，我想问大家一个问题，为什么我们辛辛苦苦招聘到的人，总是会被反应招到的人不合适，这是什么原因，问题出在哪里？"

此时学员纷纷开始针对问题做出回答。

学员一："员工能力达不到岗位要求，所以想要离开"。

学员二："也有的是员工能力高于岗位要求，所以想要离开。"

培训师："确实，员工能力与岗位的匹配程度是员工是否适合岗位的核心。员工与岗位匹配的情况通常有四种：一是员工能力与岗位要求一致，此时员工比较适合岗位，也是招聘中比较理想的一种状态；二是员工能力高于岗位要求，此时员工的流失率通常比较高；三是员工能力远低于岗位要求，可能自己觉得难以适应而离开，也有可能被调离；四是员工能力略低于岗位要求，经过技能培训之后可以达到要求。那么，作为招聘人员如何在应聘之初判断员工能力与岗位的匹配程度呢？"

学员三："招聘之前做岗位需求调查"。

学员四："详细了解应聘员工的过往经历和成就"。

培训师："对，人才招聘的核心在于'能力与岗位的匹配'，而匹配的关键在于，前期了解岗位的能力要求，后期了解应聘人员的能力状况"。其次，在招聘时我们可以适当地降低对岗位的要求，通过技能培训的方式培养企业自己的人才，可有效缓解长期招聘的压力。”

…………

可以看到，在问题导入法中，问题是关键。通过培训师一个个的问题，引起学员的思考，激发学生产生学习和探究欲望，然后再针对问题做逐一解答和讨论，导入新的教学内容，从而完成课程。

疑问是学习的起点也是学习的动力，利用问题导入教学能够打开学员思维，活跃课堂气氛。

5.3.5 事件导入法——引起学员兴趣

事件导入法指的是培训师利用新闻媒体报道的热门事件，或是一些行业内比较典型的，大家熟悉的事件进行主题导入的方法。这类比较熟悉或是行业相关的事件通常能够快速引起学员的兴趣。

案例实操

利用行业事件导入网络安全技术与实施课程内容

某科技网络公司培训师为员工讲授网络安全技术与实施的课程。在课程之初，培训师介绍了一则游戏公司被非法获取计算机信息系统数据案的新闻。

某公司报案称，有人在网上大量出售其公司开发的某游戏用户账号。侦查后发现，犯罪分子通过盗取游戏账号，并按游戏角色的等级定价后，批量售卖。警方通过缜密侦查成功抓获两名犯罪分子，此案共缴获各类邮箱账号密码30余万条，取缔平台两个，并成功捣毁一个非法售卖账号的网络黑产业链。

此案的发生源于大批量邮箱密码泄露事件。密码安全是信息安全的核心，但是在当今的网络环境中，相当一部分人并不重视账户密码的设置及保管，突出表现在不修改默认密码、密码等级较低以及单一密码全平台通用等问题上。这导致了犯罪分子可轻易盗取某一平台用户账号后，再进行多平台账户关联，使用户遭到更严重的损失。

培训师："从个人的角度来看，作为用户应该有意识地提升密码安全意识，维护自身的信息安全。但是作为网络公司的运营者，我们更应该有意识地加强信息系统安全防护，并从技术层面上强制用户修改默认密码和设置复杂的密码。这也是我们这一堂课的核心——网络安全技术与实施。"

课中控场，掌握课堂节奏

作为一名培训师，在课程讲述的过程中，要注意控场，如果培训师不能控制好节奏，不能有意识地引导学员拓展思路，那么必然会影响培训的效果。

6.1 注重互动，营造良好的现场气氛

课堂互动指的是师生间的课堂交流，好的互动可以活跃学习氛围，提升学生的学习兴趣，提高学生的注意力，促进学生积极思考，进而提升课堂教学效率。因此，每一位培训师都有必要掌握课堂互动的方法。

6.1.1 正确理解课堂互动

课堂互动，从词语的定义上来看，是培训师与学员相互作用，使彼此积极改变的过程。在课堂上，培训师通过与学员之间的相互作用，相互影响，激发学员的学习兴趣，提高知识得传达率，从而达到培训的目的。

课堂互动对培训具有重要意义，具体如下：

①课堂互动能够有效拉近培训师与学员之间的距离。

②课堂互动能够快速吸引学员的注意力。

③课堂互动能够帮助培训师掌控课堂的整体节奏。

④课堂互动能够促进学员自主思考，而非机械式听取。

⑤课堂互动能够提升学员学习的成就感。

⑥课堂互动能够帮助培训师及时了解学员的学习情况和水平。

根据互动时的人数不同，可以对互动的形式进行划分，分为以下三种类型：

- **一对一的互动**：一对一的互动指的是培训师对某一位同学做的互动，针对性较强。

- **一对多的互动**：一对多的互动指的是培训师对多位学员做的互动，具有普遍性。
- **多对多的互动**：多对多互动指的是多人对多人的互动，通常应用于一些特定的教学情景中，例如辩论课程中，分组进行多人辩论。

对于互动，培训师不要机械地将其视为语言互动，事实上互动的范围很广泛，包括眼神、表情、肢体以及语言等。只要培训师与学员产生了交流，就产生了互动，这种交流不限于语言交流。

6.1.2 提问法互动，激发学员兴趣

提问法是最简单的、最常用的互动方法，通过提问引起学员的兴趣，避免学员走神。提问的形式有很多，具体包括以下五种：

- 问简单的问题，让学员们进行回答，以便能够更快让学员们做出回应。
- 提只回答肯定结果的问题，例如“大家想不想知道获得更多财富的方法”。这样的提问，主要目的在于互动，控制课程节奏。
- 问“二选一”的问题，培训师提出问题，同时给出选项，让学员们在选项中做出选择。一方面可以限制学员们的答案，避免偏题，另一方面也能够引出课程内容。
- 说上句，问下句。培训师说出上句，然后引导学员回答下句，形成互动。
- 问复杂的问题，通常这类复杂的问题都需要学员经过一段时间的思考或是讨论后再进行回答。

提问的方式不同，学员们回答的方式也有不同，主要包括下列四种：

- 全员回答指的是希望所有学员一起回答的问题。
- 点名回答指培训师对某一学员的提问。
- 轮流回答通常是针对比较复杂的问题，培训师让大家轮流回答，听听大家的想法。
- 抢答指培训师提出一个问题，学员们举手抢答。这是课堂气氛活跃的一种体现。

提问式互动的关键在于，培训师要想办法将课程内容中的观点和结论转变成为具体问题，或者是一系列的问题。另外，提问式互动还要注意下面三个问题：

①培训师要注意提问的数量，不可过少，也不可过多。简单的问题可以不限制数量，但对于一些有难度或是需要思考的问题，一般 15 分钟一个比较适合。

②培训师在提问时要注意将开放式问题和封闭式问题相结合。

③培训师在提问过程中应该多提一些简单的问题、肯定回答的问题，以及二选一的问题，这样有利于提高学员们的学习气氛。

此外，有的培训师对互动有误解，认为提问互动就是通过一个个问题吸引学员的注意力，以便更好地进行培训。其实不是，提问互动的关键在于，让学员在回答的过程中，引起思考。这样一问一答的互动模式，比常规的单方面讲授模式更能提升培训的效果。

需要注意的是，培训师在提问互动的过程中要学会根据学员的活跃程度，选择不同的提问方式，具体见表 6-1。

表 6-1　根据活跃程度选择提问方式

活跃程度	提问方式
活跃	当学员们表现非常活跃积极时，培训师可以多提一些开放性的问题，促进学员思考
一般	当学员们的活跃程度表现一般时，可以根据偏向来具体决定，偏向活跃时可以提开放性的问题，偏向不活跃时可以提封闭性的问题
不活跃	当学员们的活跃程度表现不活跃时，培训师此时可以选择多提一些封闭式的问题或是简单的问题，提升学员的兴趣

6.1.3　活动法互动，吸引学员关注

活动法互动指在培训的过程中，培训师通过组织某个活动让学员按照一定的规则开展活动，在活动过程中产生感受从而引发对课程的思考。活动法互动是比较流行的一种互动方式，它能够让原本单调乏味的课程变得更轻松有趣。

活动互动的流程如下：

①选择并设计与培训课程相关的活动。

②准备活动相关的道具，并设置场地。

③向学员说明游戏活动的相关规则。

④培训师带领学员积极参与到活动中。

⑤培训师基于学员的感受进行总结。

⑥培训师针对大家的总结进行提炼，导入指导结果。

很多培训师和学员在活动互动中常常会模糊重点，以为活动互动的关键在“玩”，放松学员的情绪。其实不是，活动互动中的“活动”只是一

种手段，而活动后的总结才是培训中的重点。

此外，根据活动的大小可以分为大活动和小活动。大活动通常贯穿整个培训过程，而小活动则通常仅仅是为了互动。因此，如果培训师选择小活动做互动时，要符合以下三个要求。

- **时间短**：1 个小时的课程，活动时间要控制在 10 分钟之内。
- **规模小**：不一定是每个学员都参加，也可以选择代表参加。
- **活动范围小**：在教室内的空地上就可以进行，尽量不要移动桌椅之类，也不要转移到室外，更不要跑很远的距离，活动范围一定要小。

6.1.4 角色扮演法，情景模拟式互动

角色扮演指的是一种情景模拟互动。在某个项目中，学员扮演某个角色并操作一项任务的互动方法。在这一扮演过程中，培训师可以了解学员的课程知识掌握情况，以及知识的实际运用情况等。例如，在销售技能培训课程中，培训师让不同的学员扮演客户和销售人员，然后针对特定的场景做出反应，通过学员的反应可以看出学员的学习情况。

角色扮演的互动流程，具体如下：

①根据培训的要求，确定练习的目的。

②培训师设计情景和剧本。

③培训师确定角色扮演的对象。

④学员们进行角色扮演，培训师和其余学员观察并记录重点内容。

⑤表演结束，学员反馈总结。

⑥培训师点评并总结。

角色扮演是一个互动性和参与性非常强的方式，培训师运用得当可以大幅提高培训的效果。其中的关键在于，培训师应对角色、场景和剧本进行巧妙的设置，一方面需要联系实际，另一方面还要贴合培训课程。具体要求如下：

- **场景设置**：培训师应该根据培训的目的设计一个能够较好实现培训目的的场景，通常以实际工作中常常会遇到的场景为基础进行设计，这样更能让学员引起共鸣。
- **设定角色**：培训师设计的角色应该与设计的场景相符，其次，还要确保设计的角色符合现实中的实际场景，增加真实感。在角色的设置方面要求具体，包括工作内容、任务等。
- **制作剧本**：培训师还要为角色制作相应的剧本，注意这里的剧本只是一个大体的框架，而非细节，以便让学员能够自由发挥。

6.2　时间管理，张弛有度不拖堂

每一堂培训的时间都是有限的，当规定的时间内课程没有结束，培训师就有可能出现拖堂的情况，而这往往是最糟糕的一种情况。因此，每一位培训师都应该重视时间管理，合理安排课堂中的时间，做到张弛有度不拖堂。

6.2.1　根据内容合理分配课堂时间

授课时间控制对于讲师来说，是必要的技能，可以让学员直接感受到讲师的专业性。时间控制除了控制课程的整体时间，还包括控制课程内容的时间分配。

我们知道每堂课的时间都是固定的，比较常见的是 40 分钟一节课，但在这 40 分钟内学员的精力通常都不会一直处于集中状态，而是会呈现出逐渐疲惫的状态。通过相关的调查，了解到学员的精神状态变化如图 6-1 所示。

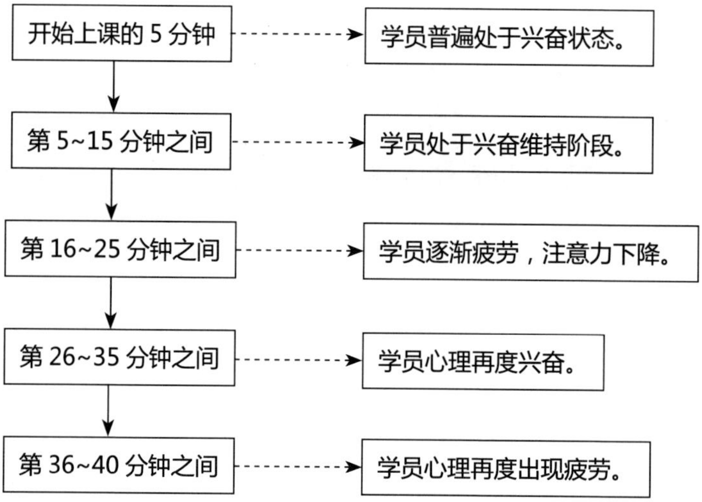

图 6-1　学员精神状态变化

针对学员的这一心理变化，培训师需要对课程内容的时间进行合理分配，以便让重要的课程内容在学员普遍比较兴奋、注意力比较集中时讲授。而在学员们注意力比较低时，讲一些次要的、辅助性的课程内容。这就要求每位培训师需要充分准备，做到对课程内容心中有数，分析课程内容，把握时间倾向。

要求培训师需要对课程中的重点内容和次要内容进行区分，以便在后期的培训中划分重点内容与次要内容的时长问题。当需要加快培训的节奏时，就可以优先完成重点内容，以便在有限的时间内顺利完成培训目标。

对于次要内容，或是备课时准备的有趣拓展性内容，可以在课堂时间比较充裕，且学员们状态比较疲惫时做补充性分享。

6.2.2 培训师的课程时间规划

课程时间控制要求培训师对课程内容充分熟悉，才能精准合理地规划时间。培训师的时间规划主要包括以下四个方面：

◆ 课程结构内容的划分

培训师上课前可以对课程内容进行划分，将一个大的知识点划分成为多个小的知识点，建议将小的知识点分为15分钟一个。每15分钟转化一个知识点，彼此之间建立连接，吸引学员的注意力，提升他们的兴趣。

◆ 计算PPT时间

培训师讲课通常需要结合PPT进行展示，通常PPT一屏展示的时长为1分钟左右。对于其中的重点内容可以延长时间进行深度讲解，但最长不要超过1个小知识点的长度（15分钟）；对于一般性的知识点，讲解时间通常在5分钟左右。

当然这也与PPT的内容制作有关，如果PPT内容简单展示时间自然较短，但如果PPT内容较多，展示的时间就较长。所以培训师在制作PPT时也要考虑展示的时长问题。

◆ 视频播放的时长

培训师讲课时有时候会提供视频素材，通过视频让学员更直观、生动地了解相关知识点。但是，培训师要明确注意每个视频材料的时长，当视频时长过长时，需要考虑该视频是否需要全部播放，或是只播放关键内容部分，以及该视频是否有必要播放。

每个视频播放时都要精确到秒，这样才能够做到精准控时。另外，视频资料播放的时间也不能超过7分钟，超过时长学员的注意力可能逐渐下降，也会占用课堂大量时间，不利于课堂时间规划。

◆ 准备见缝插针的素材

为了弥补课堂规划过程中的缝隙时间，让培训的课堂内容可以更丰富，培训师可以提前准备一些关联性的素材，主要是指小故事、案例以及重要事件等。

6.2.3 课堂实施过程中的时间管理

培训师每堂课的课程实施的项目主要包括内容讲解和学员互动两部分。如果培训师不注意课堂实施过程中的时间管理，有可能就会出现内容讲解过细，时间占用过多，知识点讲解不完，或忽略学员互动，造成单方面讲授的情况。另外，如果培训师与学员互动过多，不注意时间管理，有可能就会出现偏离培训主题，完成不了培训任务的情况。

因此，培训师有必要提前做好课堂实施过程中的时间管理，可以从下列四个方面来入手：

1. 提前预备足够的学员互动时间

为了避免培训师讲课出现单方面传授的情况，培训师在讲授知识的过程中需要与学员互动。所以为了不让互动时间超出课堂正常时长，培训师需要提前预备足够的学员互动时间。

通常来说，一个知识点想要与学员形成有来有往的有效互动，至少需要预留 3 分钟左右的时间。

2. 提前预备课堂意外的时间

培训师在授课的过程中可能会出现难以预计的意外情况，为了防止意外情况的出现影响正常授课的进度，培训师需要提前预留一些课堂意外的时间。正常情况下，一节课预留 5 分钟左右的时间即可。

如果这堂课比较顺利，没有发生任何的意外事件占用时间，那么可以在当堂课结束时利用这 5 分钟对本节课的知识内容做一个总结和梳理，让学员加深印象。

3. 讨论交流的内容提前控制时长

有一些知识点需要学员讨论交流，让学员思考得出结论，比培训师直接给出答案更好。但是事实是，如果学员们讨论比较激烈，或是讨论得比较深入，就很有可能出现偏离主题，大肆延长时间的情况。

为了避免这类情况的发生，培训师有必要在讨论交流前做好时间的规划和控制。根据讨论题目的难度、深度来规定，一般常规性的讨论在 2 分钟以内，难度较大的讨论时间在 5 ～ 8 分钟。

如果讨论规定的时间已经结束，但学员仍然没有确定的答案或是思路。此时，培训师就要明确是否有意义继续进行讨论，或是直接给出答案，做深入讲解是否同样可行。

4. 内容展开讲解

当培训师发现时间还比较充足时可以适当地对内容进行展开讲解，在丰富培训内容的同时，也能加深学员对知识点的理解。内容展开讲解是指培训师根据知识点的内容举出相应的实例，进一步论证结果。

通常情况下，内容展开讲解的实例为一个，如果时间比较充足，可以介绍正反案例，但是建议不超过三个。培训师要注意，不能因为对某个方面的内容比较熟悉就开始没完没了地举例扩展，这样反而会引起学员的反感。

课堂实施过程中的时间控制，培训师要记住一个原则“有时间，多互动。没时间，少展开”，灵活处理，并将时间控制有意识地记在脑海里，久而久之，自然就能有效管理时间了。

6.3 现场应变，懂得转危为安

培训师在课堂上常常会遇到一些突发事件，例如知识点讲解错误、课堂氛围沉闷以及学员质疑等。因此，培训师需要具备一些现场应变能力，以便能够沉着冷静地应对这些事情。

6.3.1 知识点出现错误的应对法

培训师在讲解过中，可能会因为紧张而出现知识点讲解错误的情况。面对这样的情形，培训师不要过于纠结，执着在同一个问题点上，更不用道歉，避免小题大做越描越黑，否则会给学员留下培训师不专业的印象。所以，培训师应该保持镇定，巧妙纠正。

如果培训师发现自己讲解错误，可以引导学员思考自己的讲述，让学员找出错误，并给予纠正。

例如，

培训师：“你们思考一下，老师刚刚这么说是对的吗？”

学员：“我觉得不对，应该是……”

培训师：“确实如此，这位同学回答得非常好。”

这样便可以将知识点巧妙地圆回来。另外，如果是一些非关键性的错误，培训师可以直接一句带过，说出正确的内容，下次注意就行，学员通常都能理解。

如果培训师讲错知识点，自己没有发觉，而被学员发现且提了出来。此时，培训师应该首先及时给予肯定，然后纠正知识点即可。

学员：“老师，你前面说的内容存在问题，应该是……”

培训师：“嗯，你说得非常好，看来这位学员是非常认真地在听我讲课的，这里确实应该是……”

当然，培训师也应当尽量避免这一现象的发生，解决的最好办法就是课前大量准备。只有培训师为课程内容提前储备了大量的知识内容，对该知识点进行了深入的分析和论证，自然能避免这一类问题。

6.3.2 课堂气氛沉闷的应对法

教学的时间一长，课堂的气氛也会比较沉闷，如果此时培训师不注意调整改善，学员学习的积极性和注意力就会逐渐下降。因此，一个好的培训师不仅要课讲得好，还要善于调整课堂的气氛。在学员注意力不集中，昏昏欲睡时，巧妙解除学员的疲劳感，活跃课堂的气氛。

首先出现这类现象时，培训师要及时反思，除了学员的原因之外，还有自身的一些原因。例如自己讲课的方式是不是过于枯燥，不够有趣，不能吸引学员。或者是不是准备的课程内容过于理论化，长篇大论，容易导致学员走神。如果是，那么应该在后续的课程中注意改善自己的授课方式，或者是备课内容中注意穿插案例，或是添加一些趣味性的素材元素，提升学员上课的兴趣。

其次，培训师还要掌握一些活跃课堂气氛的方法，具体如下：

1. 备课时注意趣味性

很多培训师备课都比较习惯参照参考书进行备课，比较简单，也比较常规，不容易出错，但常常会使得课堂沉闷，内容乏味。

所以，培训师在备课之初就需要注意“趣味性”，这样的课程更丰富，也更能吸引学员。趣味性备课可以从以下三个方面入手。

①课程应多结合当下的热点新闻、时事和大事件。如今这个新媒体时代，每个人每天都要接收各种各样不同的新消息，在增添新鲜感的同时，也带来了许多的趣味性。此时，如果培训师还是一味地沿用传统的知识和经典案例显然不能够吸引学员的注意。

②备课的内容应该尽量联系学员，贴近学员的生活或实际情况，这样才能够让学员产生亲切感，也更具感染力、说服力。

③备课的内容应该注意时效性，即便是热点新闻，也可能随着时间的流逝，而失去新意，尤其是在瞬息万变的当今社会。

2. 趣味化内容

也许课程内容本身很枯燥，但培训师可以通过自己的语言、文字或者图画等表达方式，趣味化内容，从而提高学员学习的兴趣。

趣味化的关键在于将原本专业的、刻板的知识，通过巧妙的方式表达出来，主要有以下三种。

①将专业术语转化成学员比较熟悉的概念，一方面可以帮助学员快速理解，另一方面也能加深印象，更觉得亲切。

例如，美国一个名叫兰道尔的作家，他写了一本书《万物解释者》，书中用简单的词介绍复杂的事物。这本书里，他做了一个大胆的尝试，不用一个专业术语，而是用了1 000个日常生活中最简单的单词去介绍了很多复杂的事物，号称是小学生就能懂的文字。比如将细胞被翻译成了“组成你身体的小水袋”，而洗衣机则被翻译成了“让衣服更好闻的盒子”，潜艇被翻译成“潜在海下的船”。通过这样的描述，大幅度降低阅读难度，连小朋友都可以轻松看懂，也增加了文章的趣味性。

由此可见，其实很多时候我们不需要一些复杂的，所谓的专业术语来表述，相反的，如果多用一些简单的语言来表达，更有趣。

②将专业术语转化成学员的日常体验，体会更深刻。一些专业的术语，非常枯燥，也难以理解，此时，如果培训师能够将其转化成学员日常中经常感触到的一种体验，能够帮助学员快速理解。

例如，苹果公司推出了一款数字音乐播放器，容量是5GB，相当于1 000首歌的存储空间。乔布斯在介绍会上没有说5个GB的储存空间，而是将其表达为“将1 000首歌装进了你的口袋”。让用户倍感亲切的同时，可以让用户快速体会到该款音乐播放器的储存空间。

③为专业术语配备一些有趣的故事。培训课程中常常会遇到一些难以理解的专业术语。此时，培训师可以试着为这些专业术语配一些有趣的小故事，即便术语深奥难懂，学员也会被故事吸引，而将注意力集中起来，试着去理解这些专业术语。

例如，某劳动合同关系培训课程中，培训师介绍工伤保险的认定条件，如果按照我国《工伤保险条例》第十四条第五项之规定进行介绍，内容为“对于职工因工外出期间，由于工作原因受到伤害，应当认定为工伤。界定‘因公外出’和‘工作原因’的标准，不能狭义机械地理解，除应当从职工外出是否因工作需要以及伤害后果是否与工作有较为直接的因果关系外，还要结合工作岗位的具体情况和职工为完成工作所需的生活必须事项综合予以考虑。”

但是这样的讲述，既乏味又平淡，只会让学员的注意力逐渐降低而已。但是，如果培训师介绍“2018 年 4 月起，王某在某公司负责施工的建设工地从事门卫工作，月薪 2 200 元。门卫室是两名保安一组，24 小时不离人，王某住在工地的工棚内，每日三餐由其自行购买煮制。2020 年 3 月 8 日上午 9 时 20 分许，王某到农贸市场购买菜、肉等生活用品后，步行返回其工作岗位的途中被张某驾驶的轿车撞倒当场身亡。交警部门认定交通事故由驾驶员张某负事故主要责任，死者王某负事故次要责任。2020 年 5 月 13 日，王某的家属向人社局申请工伤认定。你们认为王某家属的申请是否符合受理条件呢？”

通过这样的故事讲述，学员会更容易理解《工伤保险条例》第十四条第五项的规定内容。一旦学员对你的故事内容产生兴趣，他们就会紧跟你的思维。

3. 掌握一些活跃气氛的小方法

培训师还可以在课堂气氛比较沉闷的时候运用一些活跃气氛的小方法，具体如下：

①穿插一些趣闻、个人经历或故事等，可以与课堂内容无关，主要目的在于活跃气氛，让原本严肃、死气沉沉的培训课堂恢复一些活力。

②可以谈一些与学员切身利益直接相关的话题和内容，当话题关系他们的直接利益时，学员通常不会置身事外，而更加投入地认真听课。

③培训师也可以直接讲一些课堂小笑话。

④满足学员们的一些猎奇心理、求知欲等，介绍一些陌生的趣味性的

知识和内容。

⑤可以开展一些互动性强的小游戏，调动气氛。游戏调动气氛的效果非常明显，也是大部分培训师比较常用的一种方法。

这里介绍两个调动气氛比较实用的方法。

案例实操

活跃气氛的小游戏——007 游戏与扮时钟游戏

【007 游戏】

（1）大家站成一圈，6 ~ 10 人为佳。

（2）A 任意指一个人（B）说“0”，B 接着任意指一个人（C）说“0”，C 接着任意指一个人（D）说“7”。D 则需要表现出被枪打中的神态，最少要大叫“啊”，D 旁边的两个人需要举起手来，表示惊吓投降。

（3）D 不能举手，需要发声，而旁边 2 人只能举手，不能发声，否则都是错。

（4）一次错误产生后，由错误人重新开始。可多次重复。

（5）一般错误的最多的那个人有“奖”或罚了。

【扮时钟游戏】

（1）在白板或墙壁上画一个大的时钟模型，分别将时钟的刻度标识出来。

（2）找三个人分别扮演时钟的秒针、分针和时针，手上拿着三种长度不一的棍子或其他道具（代表时钟的指针）在时钟前面站成一纵列（注意是背向白板或墙壁，扮演者看不到时钟模型）。

（3）主持人任意说出一个时刻，比如现在是 3 时 45 分 15 秒，要三个分别扮演的人迅速地将代表指针的道具指向正确的位置，指示错误或指示慢的人受罚。

（4）可重复玩多次，亦可有一人同时扮演时钟的分针和时针，训练表演者的判断力和反应能力。

6.3.3 学员质疑挑衅的应对法

每一位培训师在培训路上难免会遇到一些突发状况，让培训师陷入尴尬的境地。其中，最为尴尬的可能是学员的质疑挑衅，面对这样的学员，培训师应该如何处理呢？

关于学员的质疑挑衅最为常见的有两种情况：一是向培训师提一些难度较大的，难以解决的问题；二是学员不认同培训师的观点，甚至直接提出反对意见。

下面我们针对这两种情况来进行分别讲述。

1. 向培训师提出刁钻的问题

当学员向培训师提出刁钻的问题时，首先培训师不能慌张，更不能生气，应快速冷静下来，仔细分析这些问题的情况，不同的情况有不同的处理方式。

◆ 对挑衅类的问题

有的学员会提出一些具有挑衅意味的问题，对于这类的问题其实回不回答问题并不重要，更重要的是分析学员提问背后的目的，这才是问题解决的关键。

因为参与培训的学员普遍为成年人，一般不会刻意地针对某位培训师。如果出现这类情况，培训师就要注意问题背后隐藏着的一些问题，可以私下与该学员进行交流沟通，针对问题进行改善。

◆ 有价值的问题注意把握

有时候学员提出的一些问题，虽然培训师确实答不出来，但这些问题是具有价值的，值得深入讨论的问题，可以对课程起到增色的作用。

面对这样的情况，培训师可以不必自己着急回答，也不能不回应，最好的做法是：首先肯定学员的提问，然后邀请大家一起作答，最后培训师针对这一问题进行总结。

例如，培训师可以这样说："这是一个很有价值的问题，我们请每个伙伴 / 每个小组用一句话来谈谈你的想法，大家都说完后我来总结。当然，这样的处理需要注意时间的控制。"

◆ 确实回答不上的问题

还有一些情况是，学员提出的问题确实回答不上来。事实上，这类情况非常常见，信息时代人们获取知识的渠道非常广泛，所以学员们常常会根据课程内容关联到其他的更广泛的信息。

面对这样的情况，培训师可以直接真实地说明这个问题还没有想过，所以暂时没有办法回应，课后会仔细考虑，然后再来讨论。这个时候培训师需要表达自己已接收到了，欣赏学员的积极思考和热情投入，并且邀请对方私下交流，很多时候培训师的确需要恰当拒绝。

例如，培训师可以这样说："这个问题我还真没有想过 / 你提出的这个角度，是我头一次听说，课下我仔细想想，再来回答你。"

2. 对于持反对看法的学员

培训课可能还会出现一些刻意持反对意见的学员（这类的情况比较少），他们可能会突然说一些奇怪的话，或是与课堂内容无关的话打乱培训师的节奏。

面对这样的状况，常常会让培训师觉得尴尬，尤其是一些新入行的培训师，如果处理不好的话，可能会影响培训师在学员心中的权威性，还会降低其他学员对你的信任。处理方法通常分为以下三个步骤：

①不要站在学员的对立面，产生对抗情绪。情绪是相互的，你的对抗情绪只会刺激对方更尖锐的对抗，而且这种对抗是无意义的。培训师要明白的是，你需要将自己的焦点和注意力集中在更大的群体上，不能因为 1 个人，而影响了所有的人。所以，首先需要调整自己的情绪，使自己快速冷静下来，不要受到对方的刺激。

②分析对方反对意图背后的动机和需求。培训师需要知道的是每一个人的每个行为都是有目的、有动机的，不会无缘无故出现这一行为。所以培训师要懂得透过现象看本质，挖掘行为背后学员的动机，了解之后培训师自然就知道如何应对了。

③给予学员积极且正面的反馈。当培训师找出学员挑战背后的正面动机后，较有利的处理方式就是给予他积极的反馈，这个反馈的焦点围绕学员的正面动机。

所以，面对这些持反对意见的学员，培训师可以通过一些巧妙的语言进行化解，不必针锋相对。

案例实操

面对持反对意见学员的处理方法

某培训师在针对企业工程师做相关技能提升培训课程时，遇到一个学员提出问题“你讲的培训和实际的差距，我没太听明白，你能不能再给我讲一次。”

然后该培训师又讲了一次。但是该学员继续说道：“但是，我还是有点没听明白，您能不能再讲一次。”

随后培训师又用另一种方法给他做了一个讲解，打了一个比喻。“怎么样，这位同学，你听明白了吗？”但是该学员回答：“还是没有。”

后来，这位培训师通过提问的方式解决了这个问题。

培训师：“这位学员，我先问你几个问题，再来给你解答。作为企业的工程技术师，你是否经常给企业内的员工讲课呢？”

学员：“是”。

培训师：“那你的对象大部分是新职员工呢，还是老员工？”

学员：“新入职的员工，老的员工都有。”

培训师：“那你主要讲技术类，还是管理类呢？”

学员：“主要讲技术类。”

培训师：“你在课堂上讲解的时候，是要求大家都明白再下课，还是课下再明白？”

学员：“那大部分的人都明白，如果都明白，哪有多时间啊。”

培训师：“那如果有一两个人要是不明白呢？”

学员：“那课下再跟他沟通嘛。”

然后这个培训师转回来继续说：“那好，那今天我就课下和你沟通。”

这个学员就不再说话，坐下了。

总的来说，对于一些不配合的学员，培训师应该遵循以下几个处理原则：

- 尊重每个学员的观点和意见，并且尽量避免争论，所有的讨论应该在缓和的气氛中进行。

- 对于学员的想法和意见，应该采用礼貌的方式给予评论，保全对方的面子和自尊。
- 避免自己的负面情绪放大。
- 礼貌地拒绝卷入争论或和学员形成抵触情绪。
- 对事不对人，将重点放在行为上而非人上。

6.3.4 面对高手型学员的应对法

有的培训师在课堂上还会遇到一些专业型的学员，甚至是高手型的学员。在面对一些问题时，这些学员的水平可能还会超越培训师，那么培训师应该如何处理呢？

首先，肯定他们，一方面他们具备专业的能力是事实，另一方面培训师如果处理得当还会增加课程的丰富性。所以，面对这样的学员，应该懂得赞美他们，培训师应该多用引导提问和互动的方式来请他们分享自己的见解和经验，然后做赞美和总结点评即可。

例如“好，我们请这位学员上来，就这个话题给大家做一个分享。”

这样既让他们觉得备受重视，又可以借他们的分享来帮助自己传递课程内容。而且请他们分享，他们会有一种反客为主的心理暗示，不再挑战培训师甚至还会帮培训师去解决挑战。此外，学员分享的过程，也是培训师自我学习提高的过程，将有利于培训师的成长。

6.3.5 有效维护课堂秩序

一个好的课堂秩序能够保证培训课程的顺利进行，也能反映出一个培训师的控场能力。为了维持课堂秩序通常培训师需要提前制订课堂纪律，课堂纪律具有如下作用：

①课堂纪律能够有效保证培训顺利完成。

②课堂纪律能够帮助成年学员学生化，让他们快速了解在课堂上什么事情可以做，什么事不能做，从而更好地约束自己的行为。

③课堂纪律能够使学员更自觉地遵守相关规定，并形成道德义务感。

通常情况下，培训课程中的课堂纪律不会像学校那么严格和仔细，主要包括两个方面：一是培训教室和教具的使用；二是课堂纪律的要求。下面我们来看一份具体的培训课堂纪律规定。

案例实操

培训课堂纪律规定的内容要点

培训室使用及课堂纪律要求

一、目的

为能营造共同自律、文明、有序的培训课堂氛围，合理使用培训室，以确保培训教学课程能如期，有效的开展。

二、适用范围

所有课程及所有参与公司内训的人员。

三、内容

1. 培训室设备使用注意事项

1.1 要爱护培训室公用设备，有任何异常情况要及时反馈。人为损坏的，由当事人照价赔偿并做处罚处理。

1.2 要保持培训室的清洁，严禁在培训室内吸烟、乱丢垃圾、随地吐痰，不得在培训课桌或是墙壁上乱涂乱画。

1.3 使用投影仪须按规范操作，详见投影仪使用指南。

1.4 玻璃门、桌椅、窗帘、看板等公物要轻拉轻挪，不使用时要归位收好、摆放整齐、保持整洁。

1.5 培训用器材及钥匙由当堂培训讲师进行保管，根据课程表交接至下一课培训讲师并进行设备交接登记。

1.6 当天最后一堂课的讲师需将培训器材及时归还至所借部门（24 小时内）。

2. 课堂要求

2.1 上课时严禁随意走动、大声喧哗、嬉笑打闹、聊天、打瞌睡、玩手机、吃零食等。

2.2 上课时严禁接听和拨打电话，须自觉将手机关闭或设置为静音。

2.3 上课时禁止离开教室（上洗手间、喝水及特殊情况除外）。

2.4 上课时言行要礼貌，随身物品不得放在桌面上，上课结束离开时务必将椅子归位并保持培训室清洁。

2.5 学员在培训时要认真听讲，适时做好笔记，对于教学内容有不明之处要勤于发问。

2.6 学员考试不得抄袭他人试卷或是空卷，否则该堂考试成绩作废。

2.7 学员须准时到场，若迟到、早退、缺课、缺考，则按公司培训管理规定处理。

6.3.6 培训师提高应变能力的方法

除了学会一些常见的课堂突发情况的处理办法外，培训师还要懂得自我提升，提高自己的应变能力，才能够做到以不变应万变。

应变能力是指人或外界事物发生改变时，作出的应急反应，可能是本能的，也可能是经过大量思考后，作出的决策。培训师具有良好应变能力，能够审时度势，随机应变处理课堂中的各种意外情况。

虽然有人的应变能力较强，有人的应变能力较弱，但需要注意的是应变能力并不是一成不变的，它可以通过后天的培养和训练提升。因此，培训师应该有意识地提升自己的应变能力。

提升应变能力可以从以下三个方面入手：

1. 自问自答

自问自答指培训师可以自行提问，然后以学员的角度进行回答，再根据学员的回答以讲师的身份进行追问。这样跳转角色的自问自答可以帮助培训师从不同的角度展开思考，使思维更活跃。另外，在反复问答的过程中，培训师能够提升自己的应变能力。

自问自答训练的关键在于锻炼思维方式和反应能力，所以提出的问题可以是与培训课程相关的，当然也可以是与课程无关的。在提问时要注意以下几点：

①提出的问题不能过于简单，太简单的问题会形成惯性，直接回答，不能起到思考和发散思维的作用。因此，提出的问题需要具备一定的难度，能够引起自己思考。

②自问自答的应变训练需要快速对问题做出反应，然后回答。所以无论是什么样的问题，都需要设定回答的时间，在时间范围内做出回答才能提高对问题的反应速度。一般在听到问题后的30秒内需要对问题做出回应。

③回答问题的关键在于锻炼逻辑思维能力和反应能力，所以不要求回答出的答案必须是标准答案。

2. 参与辩论

反应和敏锐的判断是辩论的基本，辩论要求辩手能够快速地对问题做出反应，并做出敏锐的判断。所以培训师可以借助辩论提升自己的应变能力，积极组织或参与一些辩论活动。利用在与对方辩论的过程中找出对方观点的破绽，然后提出质疑，结合实例否定对方的辩论思维方式，从而锻炼自己的反应能力。

3. 多做积累

应变能力实践上就是反应速度和反馈内容的结合。但是有的人会错误地认为只要反应快就是应变能力强，实际上不是。如果对方提出的问题，你快速做出反应，但是漏洞百出，反而会让人抓住把柄。所以只有反应速度显然不够，还需要不断的积累，汲取更多知识经验，在面对问题时才能自然而然地提出自己的见解，并举一反三，应变能力也能得到提升。

总的来说，只要我们坚持通过这些方式有意识去训练自己，思维反应能力，自然会变得越来越快了。

6.3.7 课堂中的突发事件应对法

培训师在培训课堂上经常会遇到一些突发事件，例如学员冲突事件等。这些可能会对培训造成重大的影响，而随机应变能力高的人，却往往能够冷静应对，灵活处理，将影响降到最低。

因此，除了提升自己的应变能力外，培训师还要懂得面对突发事件时，如何提升自己随机应变的能力。主要可以从以下几个方面进行提升：

◆ 观察能力

培训师想要自己在突发事件中快速作出反应，首先要锻炼提升自己的观察能力，除了对环境变化的观察之外，还有对人情绪变化的观察，才能快速发现对方的情绪变化了解对方的需求，从而找到关键点。

◆ 冷静分析

应对突发事件最为忌讳的就是急躁和慌乱，培训师首要任务是让自己冷静下来，尽量心态平和地找出问题原因，以及可能会产生的结果。只有冷静下来，才能做出正确的判断。

◆ 快速反应

在脑海中对突发事件有了一个大致的分析和判断之后，要赶在事情继续恶化之前快速作出反应。这一点最难，需要在日常的生活工作中多多累积经验。

◆ 做好预案

提出应急方案之后，还要准备预案，即对可能会出现的一些情况提前想好应对的办法。即便这件事情发生的概率较低，也要让自己有所防范，才不会在事情真的发生时手足无措。

◆ 提高表达能力

越是紧急的状况下，越需要自己有逻辑清晰的表达能力，才能避免表达错误，反而引起争议，进一步扩大事件。所以培训师要有意识地提升自己的语言表达能力。

表达能力强的表现有以下三点：

①能够明确、清楚、完整地表达出自己的想法，且有理有据，条理清晰。

②表达的内容具有很强的感染力和影响力，能够快速让他人产生同感。

③可以通过表达得到对方的认同。

锻炼表达能力的方法比较简单，主要从日常生活方面入手。

首先要多说话，放心大胆地说话。事事小心，处处唯唯诺诺的人，难以练好自己的表达能力。所以锻炼的第一步，是锻炼胆量，要无所畏惧大胆开口。

其次自己要有意识地勤加练习。语言表达能力的培养是一个长期的过程，需要长时间锻炼，所以自己要具备这样的意识。另外，还要多读书多写作，养成写作的习惯，日常的写作积累有助于语言表达。

最后，培训师应对突发情况，要快速提升自己的随机应变能力，需要先让自己冷静下来，平时多训练自己的观察力，多做一些能培养自己快速反应、思考能力的游戏和训练。

第 7 章

结尾设计，使人印象深刻意犹未尽

一堂完美的培训课，结尾的设计也非常重要，好的结尾可以让人印象深刻，使整个培训更精彩，让人意犹未尽。因此，每一位培训师都必须掌握精彩结尾的设计方法。

7.1　课程结尾的结构要全面

课程结尾非常重要，好的结尾可以为培训加分，但不好的结尾同样也可以让培训黯然失色。通常来说，课程结尾需要遵循一定的结构，以便结尾显得不那么仓促，以求更完整。

7.1.1　第一步，课程回顾

一个完整的课程结尾，应该做到以下五点：

①使课程首尾呼应，内容上完整统一。

②重复课程的内容主题和重点内容，引起学员的重视。

③确认学员是否对课程存在疑问。

④帮助学员加深对课程内容的印象。

⑤提升学员的信心，以便学员能更好地面对之后的工作。

要想做到以上几点，就需要培训师按照课程结尾的结构，做好结尾工作，其中第一步就是课程回顾。

一场培训课程结束时，培训师首先需要带领学员就整个培训课程的内容做一次知识点回顾，帮助学员在脑海中建立完整的知识结构图。

课程回顾不论是对于培训课程，还是对于学员个人来说，都具有重要意义，具体作用见表7-1。

表 7-1　课程回顾的作用

作用	说明
厘清思路	前期的培训课程通常是由一个一个单独的课时组成，每一个课时讲解不同的知识点，虽然彼此之间存在一定的逻辑关系，但因为学员还没有完整系统地学习完所有内容，所以并不清楚它们之间的逻辑关系。在课程即将结束时，培训师做的课程回顾则可以从整个培训课程内容的角度进行介绍，帮助学员厘清这些零散知识点之间的结构与关系
加深记忆	课程回顾实际上是对整个培训课程中的重点内容和难点内容做一次回顾介绍，这样可以帮助学员加深对这些内容的印象，使其能够更好地掌握这些知识点
突出重点	通过课程回顾，可以帮助学员们区别出课程中的重点内容和一般性内容
拾遗补漏	在培训过程中，培训师可能会出现忘记某一知识点的情况，通过对整个课程的回顾，可以帮助培训师拾遗补漏，起到完善课程知识点的作用
引发思考	通过对课程内容的整体回顾，可以进一步引发学员对课程内容做深入思考，从而更加深入透彻地理解课程内容
达成目标	课程回顾也可以帮助培训师审核自己的培训目标，查看其是否达标

虽然我们这里重点介绍的是整个培训项目结束时的课程回顾，但是培训师需要了解的是，课程回顾不仅局限于培训项目结束时，还有很多时候都是培训师做课程回顾的好机会，能促进加深课程内容理解，帮助厘清思路。具体时机如下：

- 培训课程中的某个课题结束时。
- 一个阶段性的课程结束时。
- 每天的培训课程结束时。
- 每天的培训课程开始之前。

课程回顾的方法有很多，不同的方法会带来不同的效果，下面介绍一些比较实用的课程回顾方法。

1. 要点法回顾课程

要点法回顾在实际的培训中应用较多，该方法是在培训课程结束前，培训师将课程中的要点内容做进一步回顾，强调内容的重要性，帮助学员掌握课程中的重点知识，从而加深学员对核心知识的记忆。

要点法回顾课程比较简单，但因为要点法确实能够让培训课程圆满结束，且不出现偏离主题的情况，所以培训师普遍使用该方法回顾课程。

案例实操

销售形象与礼仪课程要点回顾

一位培训师在销售人员的专业形象与礼仪课程结束时做了以下要点回顾：

在此次的培训课程中，我们重点围绕“销售人员的专业形象与礼仪”这一主题，探讨了如何从服饰、发式、化妆入手进行销售人员专业形象打造，以及专业人士的一些销售礼仪，包括销售过程中的一些忌讳，手势、语言、表情等。

此外，我们还分享了一些专业人士的社交礼仪，从中了解到不同产品销售存在的实际差异，并通过一系列的练习帮助大家掌握讲话的礼仪、通讯的礼仪、用餐的礼仪以及接待的礼仪等内容。

最后，希望通过这段时间的培训学习，能够帮助大家塑造与个人风格相适应的专业形象，并使大家在今后的社交场合举手投足间更具魅力。

2. 讲授法回顾课程

讲授法回顾课程指培训师通过口头语言，以演讲、分析或介绍的方式，向学员整理回顾此次培训课程的内容。为了加深学员的感受，通常还会运用一些多媒体的设备，以便效果更直观、生动。

讲授法回顾课程是最常用，也是最普遍的一种回顾方式，因为这种方法操作起来比较简单，培训师的掌控性很强，回顾可以按照培训师的想法和节奏顺利展开。

但是，讲授法是一种单向的回顾法，通常以培训师作为主导，引领学员回顾。在这一过程中，通常不需要学员有过多的配合，所以回顾的效果可能不好。

3. 提问法回顾课程

提问法回顾课程指通过培训师提问学员回答的方式做课程回顾。在一问一答的过程中，培训师与学员互动强烈，培训师可以快速了解学员的知识掌握情况，以便及时对学员掌握不佳的知识点进行着重说明和强调，加深学员的印象。

提问法回顾的关键在于，培训师要将所有的知识点转换成为一个又一个的问题。

案例实操

商店销售与管理培训提问回顾

此次的课程培训我们主要分享了商店人员的销售技能、商店的人员管理以及商店的店铺管理等有关商店销售与管理的基本知识和方法，那么接下来我来考考大家。

（1）便利店人员的销售技巧有哪些？

学员回答，培训师做补充。

（2）商场门店中的员工岗位基本结构是什么？

学员回答，培训师做补充。

（3）导购管理的重点是什么？

学员回答，培训师做补充。

（4）门店中的员工工资管理有哪些要点？

学员回答，培训师做补充。

（5）商店中的现金管理方法是什么？

学员回答，培训师做补充。

（6）商品中的货品管理方法是什么？

学员回答，培训师做补充。

…………

最后，希望大家能够结合本次课程所讲授的内容在今后的工作中不断实践，从而不断提高个人的工作绩效。

4. 讨论法回顾课程

讨论法回顾课程指培训师与学员一起聊天式地讨论回顾课程。这是一种气氛比较轻松的课程回顾方法，学员在讨论的过程中每个人轮流发言，回忆课程中的一些重要内容，然后培训师最后进行简短的总结，并对其中遗漏的知识点或需要进行补充的知识点，进行补充。

讨论法的重点在于，培训师需要提前营造出一个轻松、愉快的氛围，让学员能够大胆讨论，才能真正起到回顾的作用。

5. 角色扮演法课程回顾

角色扮演法课程回顾指培训师或学员扮演课程中的一些角色，并利用培训中学到的知识来应对一些突发状况。角色扮演回顾法在一些销售培训或客服培训课程中比较常见。培训师扮演客户，学员扮演工作人员，培训师结合课程内容给学员提出各种情景状况，学员根据所学的内容做解答。最后培训师根据学员的表现，做出评析，总结课程内容。

需要注意的是，回顾课程的办法有很多，除了上面介绍的方法之外，还有其他一些，例如课程测试等。但是，培训师要合理选择回顾的方法，一方面选择的方法要适合课程内容，另一方面选择的方法培训师自己要熟悉，这样才能保证课程回顾的顺利进行。

7.1.2　第二步，答疑解惑

课程回顾之后，培训师还要设置"回答（Q&A）环节"，积极引导鼓励学员针对培训课程内外的一些问题大胆地提出来，然后培训师做解答。

Q&A 环节的设置可以帮助培训师了解学员的重点问题，难点问题，然后再针对性地对其进行解答，帮助学员理解。因为培训师通常会站在老师的角度来思考课程内容划分重点和难点，但有时划出的重点和难点可能会和学员理解的难点和重点出现偏差。

而 Q&A 环节可以有效解决这一问题，帮助培训师针对学员觉得的难点和问题，进行重点分析和解答，从而帮助学员更好地理解知识点。

Q&A 环节的关键在于培训师如何引导学员积极主动提问，大胆说出自己的想法。很多的培训师通过大量的培训课程都会发现一个现象，即教学过程中大部分的学员很少提问题或者不提问题，但这并不代表学员没有问题，很有可能是培训师没有正确引导。所以，培训师需要掌握一定的引导方法，具体包括下面三种方法：

1. 建立平等、和谐的学习交流氛围

很多的培训师为了培训课程的顺利开展会塑造一个严师的形象，课程中不苟言笑，讲解时以自我为中心。这样的形象必然会使课堂氛围紧张、严肃，学员即便有问题也没有机会提。

但是，如果培训师能够以交流学习、知识分享的平等心态与学员交往，学员自然就会消除紧张感，也更容易大胆说出他们的困惑。

因此，培训师需要积极营造一个轻松、自由、平等、和谐的学习氛围，这样学员才能够消除畏惧心理。其次，培训师还要大胆鼓励学员积极提问，这样学员的思维积极性才会调动起来。

2. 从被动接受转为积极思考

很多学员对于学习比较被动，习惯接受式的培训方式，培训师在上面讲，自己负责听就可以了。实际上，这样的授课方式属于单向输出，不利于学员思考和沉淀。

培训师应该在培训过程给予学员充分的思考时间以及提问的时间，鼓励他们积极思考，试着用发现的眼光对待学习，才能发现问题、提出问题，并期待着解决问题，从而引导学员从被动学习向主动探索转变，感受到思考、质疑带来的无穷乐趣，使学员更愿意积极提问。

3. 发挥评价的激励作用

培训师还要发挥评价的激励作用，当学员提出问题时要积极鼓励，正面引导，促进学员积极提问。我们知道，学员提出的问题可能千奇百怪，

有的是具有价值的高质量问题，有些却不是。

当学员提出的问题价值性不高时，培训师要学会站在学员的角度去思考，试着想想原因。其次，要懂得从其他角度去称赞学员，让其觉得虽然提出的问题不够准确，但也引起了老师和同学的关注，证明自己的问题还是具有价值的，下次才会继续充满热情地提问。

另外，在评价学员时，培训师的感情一定要真挚，语言要通俗易懂，既要恰当指出学员的不足或错误，又要让学员能够接受，切忌表面化、程式化的评价。

7.1.3 第三步，行动学习

在培训课程结束时，可以将培训的目的转化成为实际的行动，培训师可以为学员布置一些实践作业，也可以将培训师对学员的期望转化为实际的行动。实践作业一方面可以帮助学员巩固知识，另一方面也是课堂教学的一个延伸。

学员通过培训上课通常只能达到理解的水平，想要真正将知识在实际工作中巧妙运用，让他们学习到的知识形成真正的技能，转化为分析问题和解决问题的能力，需要一些实践作业才可以。

作业因为布置的时间不同，分为不同类型，具体包括如下所示的三类：

- **预习作业：**预习作业通常是提前预习课程内容，以便在正式讲授时可以提高学员听讲的效率。
- **课堂作业：**课堂作业通常是学员刚接受新知识后，培训师布置的作业，目的在于帮助学员及时掌握知识，加深对知识的印象。

- **课后作业**：课后作业通常在培训课程结束之后，它是培训课程的延续，也是学员转化所学知识的关键。（本节介绍的作业布置主要指课后作业）。

培训师布置作业时应该遵循以下几个原则：

①以理论知识为依据。作业的目的在于巩固所学知识，所以培训师布置的作业不能偏离培训所学的理论知识。

②布置的作业应该考虑学员的能力程度，选择在他们能力范围内运用所学知识可以解决完成的作业。

③布置的作业应该遵照实际情况，例如员工实际工作情况，偏离现实的作业没有实际意义。

7.1.4 第四步，寄语升华

培训师寄语通常是培训结束的最后一个步骤，最重要的是要表示感谢，真诚感谢学员，感谢他们在培训过程中的配合、参与、提问，以及他们的分享。另外，还要祝福学员，希望他们能在未来有更好的发展。

培训课程结束时的寄语非常重要，好的寄语能够让学员感受到培训师的真情实感，提高对培训的感受。

下面来看某培训师课程结束寄语。

案例实操

销售课程培训师结束语

之前，有很多的朋友跟我抱怨，公司给他们定下的销售目标为 50 万元、

100 万元……这些目标对他们来说太高了，简直望尘莫及，是不是？但是，今天在培训完成之后，大家不妨反过来再看看这些目标，是不是真的如此遥不可及。

如果各位能够完成今年的销售目标，公司承诺给各位的奖励保证能够兑现，那样各位或许可以晋职，或许可以领取丰厚的奖金……当然，这些都要建立在自己的努力上。

所以我们与其去苦恼，不如从走出这间培训课室的那一刻起，每天多给顾客打几个电话，多拜访目标客户，多回访老顾客……不要小看每天付出的一点努力，一年下来，你会发现你可能已经将目标远远抛在后面了。

最后，非常感谢在培训期间，每位学员的支持和配合，本次培训就这样结束了，希望大家好好把握好人生的路，在以后的人生岗位和工作岗位上都以和平喜悦的心态去面对，相信你们一定能够活出精彩的明天。

在该案例中，培训师为学员之后的努力指出行动的方向；即使在培训中培训师已经说明了应该怎么去做，但在最后阶段培训师也可以简单强调几个要点，以便加深学员的印象。

7.2　常用的课程结尾技巧

通过前面的学习，我们知道了课程的结尾非常重要，培训师需要花费心思去设计，提升学员的培训感受。但是，结尾设计也具有一定的技巧，通过这些技巧可以使培训结尾更完美。

7.2.1 总结归纳型结尾

总结归纳型结尾指在培训结束前较短的一段时间，用简明扼要、有条理的语言对培训内容进行提纲挈领式的归纳、总结，给学生以系统、完整的印象，加深学生对所学知识的理解和记忆，培养其综合概括能力，这是最常见的一种方法。

总结结尾看起来虽然与课程回顾有点类似，都是对培训课程内容进行归纳、总结，但实际上却不同。课程回顾的重点在于回顾，培训师会对课程内容做整体归纳、整理，帮助学员厘清结构，加深印象。而总结结尾往往只是几句话匆匆带过，帮助学员回忆培训的主要内容。

总结归纳型结尾虽然比较常见，却是在实际培训中比较实用的一种结束方法，尤其是时间较长的一些培训活动，内容较多，范围较广，匆匆结束可能会出现学员抓不住重点，产生疑惑的情况。

案例实操

总结式结尾设计

整个培训课程到此就要结束了。此次课程从教学设计、组织实施、过程管理与关键技能教学等方面，对项目学习这种教学方法进行全方位指导，同时让大家设计了自己的项目，并做了相关实践活动。希望大家能够真正将自己的项目在实际中实施，或者将在培训课程中获得的教学理念与教学技能运用到自己的日常工作中。

大家结束课程之后，希望能够积极运用这段时间所学的知识和技能。最后，我期待各位的发展，也祝大家工作顺利，谢谢大家这段时间以来的配合和理解。

7.2.2　号召型结尾

号召型结尾是针对主题，在课程结束的时候向学员发出号召，激励大家在未来的工作中采取相应的行为。号召型的结尾设计能够起到振奋精神，提升学员干劲的作用。

案例实操

号召型结尾设计

培训师：“这次培训中我们学习了‘管理者的五项技能’，这五项技能是一个管理者的必备技能。希望大家能在之后的工作中努力钻研，努力提升这方面的管理能力，从而提高工作效率与工作质量，成为一名优秀的管理者。”

此外，就是希望各位能尽快从培训状态转入工作状态，做好思想意识的转变，从受者转变成施者，让我们大家携起手来，为成为卓越的管理者而共同努力！大家有没有信心？

学员齐声答道：有！

培训师：“那你们还在等什么，赶快把干劲和热情投入到未来的工作岗位和学习中去吧！”

以上案例是比较典型的号召型结尾设计，通过培训师鼓励式的语言，让学员能够以充满热情和激情地投入到今后的工作中。号召式的结尾设计比较简单，通常在结尾时引入两三句振奋人心的、鼓励式的话即可。但是需要注意的是，号召的话要恰当，符合培训师的身份。

7.2.3 首尾呼应型结尾

首尾呼应型结尾指的是培训师在课程开始的时候便设下一个悬念，当然这个悬念必须与课程内容的主题相关，经过培训内容的讲解，悬念逐渐被揭晓。所以，培训师可以在培训的最后以呼应开头的方式设计出一个完整的、巧妙的结尾，使得整个课程结构更完整。

实际上，首尾呼应型结尾在日常的培训课程中比较常见，也比较受到培训师的青睐，操作起来也非常简单，常常一句话点到即可。下面我们通过一个具体的实例来进行介绍。

案例实操

首尾呼应型结尾设计

一位培训师在人才招聘技能培训课正式开始之前，首先给学员们讲述了一个比较经典的农场招聘故事。

有一个农场因捕鼠科科长离职而造成了农场内鼠患成灾。于是，农场总经理命令人事经理尽快招聘一个捕鼠科科长来顶上。人事经理得到任务之后，写了一份招聘启事张贴在农场外，本农场招聘捕鼠科科长，待遇优、福利好，有意者请来面试。

启事张贴后的第二天来了7位应聘者，分别是鸡、鸭、羊、狗、猪、猫和猫头鹰。人事经理准备了几轮筛选。

第一轮是学历。优先留下了学历优秀的鸡、鸭；其次留下了相对较弱了羊和狗；勉强留下了学历一般的猫和猫头鹰。淘汰了学历较差的猪。

第二轮是笔试。优秀的鸡、鸭率先完成了笔试，顺利过关。羊因为平时勤奋也勉强过关了。猫头鹰因为眼睛好，看到了别人的答案，也蒙混过关了。这一轮淘汰了狗和猫。

第三轮是答辩。人事经理、农场场主和总经理一起面试，应聘者依次进来讲述自己的相关经历和能力。

鸡：“我在学校学的是抓鼠专业，曾经就如何掌握鼠的习性与行动方式写过一篇文章。”三人一商量，决定留下了。

鸭：“我虽然不是抓鼠专业的，但是对这个比较感兴趣，大学期间发表很多有关鼠的文章，尤其对老鼠的种类更是了如指掌。”三人一看，这个也不错，也留下了。

羊：“我虽然学历不高，也没有发表过文章，但是我有一颗坚持到底的心和坚硬的羊蹄，只要你们帮我找到老鼠的洞，我就高举我的前蹄踩下去。十次中应该会有两三次可以踩死，只要我始终坚持，相信有一天我一定会消灭老鼠的。”三人被羊的一番真诚打动，于是也被留下了。

最后进来的是猫头鹰，既没有高学历，也没有发表著作，唯一的成就是一年来抓了许多的田鼠。但因为不会说话，不讨人喜欢，所以被淘汰了。

培训师继续说道：“这个故事中的招聘是我们在日常生活中比较容易看到的招聘现象，可以说是一场比较失败的招聘，下面我们具体走进招聘课程，来学习看看招聘的关键内容。”

…………

培训课程结束时，培训师说道：“我们回到课程开始之前的那个农场招聘故事中，人事经理组织了一场招聘考试，但结果是将最适合的捕鼠人淘汰在外了，你们觉得是什么造成的这一结果呢？

同学们回答，培训师整理大家的答案然后做出总结，最后结束课程。

案例中的培训师在课程开始之前引入了一个招聘故事吸引学员的注意，然后顺势引出该课程的主题内容。

在课程结束的时候，再次提到课程开始时的招聘故事，并引导学员利用此次课程学习的内容自主分析故事中招聘失败的原因。接着培训师整理学员的答案，并总结此次的课程，从而结束课程。

从结构上来看，这样的结尾设计明显首尾呼应，使结构更清晰，逻辑性更强；从趣味性来看，同一故事做开头，也做结尾，比常规的论述性结尾更具趣味性，也能提升学员学习的兴趣。

从课程知识来看，这样呼应形式的结尾，帮助学员再一次学习要点内容和重点内容，使他们能进一步加深对课程知识的理解和认识。

效果分析，客观评估培训效果

培训课程结束，并不意味着培训真正的结束，培训师还需要做培训后的效果分析。效果分析指培训师需要追踪学员们培训后的实际情况，查看学员们的实际培训效果，以便改进或完善培训方式。

8.1 反应评估，了解学员对培训的看法

反应评估是培训效果评估的第一个层次，通常是在培训课程结束后，展开的一系列学员对培训各个内容的主观感受以及满意程度调查。反应评估的目的是了解学员对培训项目的看法。

8.1.1 问卷调查法了解真实想法

想要了解学员对培训的满意程度，最为直接的方法就是问卷调查法。将反应评估的项目通过具体的问题体现出来，让学员进行作答，从而得到学员对培训的真实感受。

因此，在设计问卷题目时要注意包含以下几个方面的问题，见表 8-1。

表 8-1 问卷设计的内容

内 容	说 明
培训师	需要设计对培训师的看法或满意程度的题目，以便促进培训师改进并提升自己
培训科目	需要设计对培训科目看法的题目，了解学员对该科目的真实感受，是否能真正起到培训提升的目的
培训方法	需要设计对培训方法看法的题目，以便清楚该培训方法对学员是否有效，从而改进
培训内容	需要设计对培训内容看法的题目，了解培训内容是否符合实际需要，或者是否存在过时的情况
培训设施	需要设计关于培训设施的题目，了解设施设备是否做到齐全，是否能起到辅助学员培训的目的
学员收获	需要设计关于学员收获情况的题目，了解学员自身对培训效果的满意程度

下面来看一份实际的培训反应评估问卷，如图 8-1 所示。

培训课程反应评估问卷

为了能够了解本次培训课程对您的需求满意程度，我们需要花费您几分钟的时间填写这份问卷，感谢您的支持与配合。

一、教材讲解

1. 教材准备是否充分？

A. 优秀　B. 良好　C. 一般　D. 差

2. 培训的教材是否适合？

A. 优秀　B. 良好　C. 一般　D. 差

3. 教材是否突出重点、难点？

A. 优秀　B. 良好　C. 一般　D. 差

4. 教材内容是否系统完整，以及条理是否清晰？

A. 优秀　B. 良好　C. 一般　D. 差

二、培训方式

1. 是否能启发学员思考问题？

A. 优秀　B. 良好　C. 一般　D. 差

2. 是否能引起学员的学习兴趣？

A. 优秀　B. 良好　C. 一般　D. 差

3. 是否能够调动学员积极参与？

A. 优秀　B. 良好　C. 一般　D. 差

4. 授课方式是否灵活有趣？

A. 优秀　B. 良好　C. 一般　D. 差

三、培训内容

1. 培训内容是否与我的工作相关？

A. 优秀　B. 良好　C. 一般　D. 差

2. 培训内容是否为我目前工作需要的或者以后的工作需要的内容？

A. 优秀　B. 良好　C. 一般　D. 差

3. 培训内容是否能够解决实际工作中的问题？

A. 优秀　B. 良好　C. 一般　D. 差

四、培训师

1. 培训师普通话是否标准、流利，咬字是否清晰？

A. 优秀　B. 良好　C. 一般　D. 差

2. 培训师仪容仪表是否整洁？

A. 优秀　B. 良好　C. 一般　D. 差

3. 培训师授课条理是否清晰？

A. 优秀　B. 良好　C. 一般　D. 差

五、培训设备设施

1. 辅助材料的选用和设计是否满意？

A. 优秀　B. 良好　C. 一般　D. 差

2. 培训场所的舒适度和便捷性是否满意？

A. 优秀　B. 良好　C. 一般　D. 差

六、您从本次培训中学到了什么？

七、您觉得它将对您的工作提供哪些帮助？

八、您对此次培训的其他意见或建议？

图 8-1　培训反应评估问卷

上图是一份比较完整的培训学员反应评估问卷，读者可以直接参考应用，也可以在此基础上做一些调整修改，制作出更适合实际培训情况的反应评估问卷调查内容。

8.1.2　访谈法查看学员对培训的反应

访谈法做反应评估，它是通过访谈者制订访谈提纲与被访谈者进行有目的、有条理的访谈，从而获得学员关于培训的反应情况。与问卷法相比较而言，访谈法能够根据访谈的内容进行延伸性交流，从而更加深入全面地了解到学员内心的真实想法。

利用访谈法做培训效果反应评估时需要遵循一定的步骤和程序，具体如图 8-2 所示。

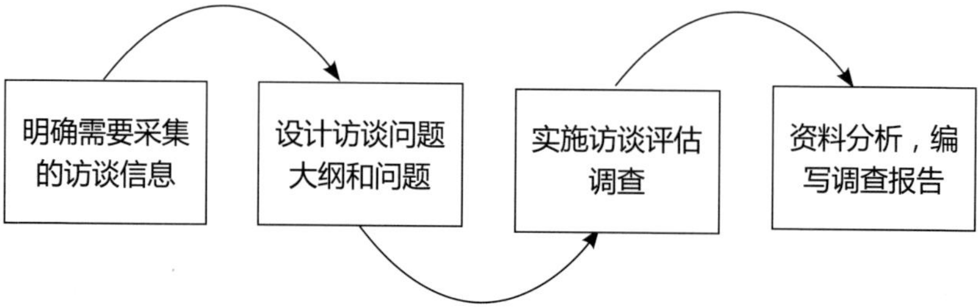

图 8-2　访谈法反应评估步骤

在利用访谈法做反应评估时，虽然访谈大纲如同问卷调查一样，从培训科目、培训内容、培训师、培训方法、培训设施以及个人收获几个方面来进行调查，但问题的深度不同。问卷调查通常会比较浅显，让学员给出对相关问题的满意程度即可，但访谈法则会让学员们针对这些问题做进一步的深入回答，以便培训师能够更精准地找到改进的方向和目标。具体包括如下所述的一些问题：

①学员对培训内容与实际工作之间的相关性有什么看法？

②培训内容在实际工作中的受用程度？

③你觉得培训师的授课方法合适吗？需要从哪些方面做改进呢？

④你对此次的培训有什么看法呢？是否符合你对培训课程的期待？

⑤此次培训课程的管理如何？

⑥你觉得此次培训的环境怎么样呢？

根据上述问题可以看出，访谈的问题更深入，了解的也更细致，所以访谈法往往花费的时间和精力也更多。因此，访谈法做反应评估往往学员的辐射率较低，只能选择少数具有代表性的学员做深入性访谈评估。

8.2　学习评估，查看学员学习情况

学习评估是培训效果评估的第二层次，主要是查看学员通过一系列的培训学习之后，对理论知识或技能操作的掌握程度。比较常见的是笔试测试法、现场实操测试法以及量表评价法等。

8.2.1　笔试测试，查看学习情况

笔试测试法是学习评估中最常用的一种评估方式，它能够直观、高效地查看到学员们对培训学习知识的理解、应用和分析能力。

笔试测试法非常简单，让被测试学员在提前准备好的试卷上答题，然后由培训师根据学员解答的正确程度评定成绩的一种测评方式。一场完整的笔试测试需要经过下列五个步骤。

◆ 编制试题

培训师需要提前根据培训所学的内容和知识编制考试的题目。试题主要来源于日常的培训所学内容，才能够最大限度上地看出培训效果。其次，编制的试题要符合以下四个原则：

①编写的试题内容要具有代表性，考察的知识范围要广泛，考点分布要合理，能够从这些题目的回答情况基本上了解学员培训学习时知识的掌握情况。

②编制的试题难度要适宜，既不能过分简单，也不能过于复杂。试题要包括不同难度，遵循由易到难、循序渐进的原则，安排好试题的难易比例。一般来说，中等水平的试题占 60% 左右，较难水平的试题占 30% 左右，高难度的试题占 10% 左右，比较合理。

③各个试题之间相互独立，才能够准确了解学员们对某一块知识点的掌握情况。

④编制的试题要有明确的答案，不能引起争议。

◆ 安排测试

笔试过程中注意严格、严肃考场纪律，不能出现任何舞弊行为，否则测试结果毫无意义，也不能得到真实的学习评估反馈。

◆ 评分计分

考试完成之后，培训师要尽快根据正确答案做评分计分工作，并快速核算出学员笔试测试成绩。

◆ 分析结果

成绩得到之后，培训师要根据笔试测试结果进行仔细分析，包括哪一部分的内容掌握比较弱，哪一部分的内容掌握比较好。然后在此基础上做进一步的分析，了解出现这种情况原因，改进培训方法或对普遍较弱的部分进行重点讲解。

最后，笔试测试法可以说是最常用的一种学习评估方式，因为它的优点突出，所以在众多的学习评估法中脱颖而出，具体如下：

①试题的设计能够精准地测试到学员对目标知识的掌握情况和程度。

②笔试测试的时间较短、效率较高且操作简单。

③笔试测试能够真实地反映出学员的掌握情况。

④成绩分数评定方式客观、公正。

8.2.2　查看学员实际操作情况

在一些以实际操作为培训内容的课程中，笔试测试并不实用，所以往往会通过查看学员的实际操作情况来评估学员的培训学习情况。

实际操作测试主要是应用于一些技能性较强的培训课程，它的实战性较强，主要是让学员按照一定的程序，通过现场操作、实物制作、造型设计、分析处理实际问题或执行某项具体项目等形式，来完成测试题目。

根据考试内容与要求的不同，实际操作可以分为即兴操作考试法和规定性操作考试法两种具体形式。

- **即兴操作考试：**即兴操作考试指在被考学员知道考试范围，但对测试的具体内容和要求并不了解。考试前学员在几套等值的考题中任选作答；或在规定范围内由被考学员事先选定考试内容并作有关准备，测试时即兴作答。
- **规定性操作考试：**规定性操作考试指被考学员在规定的场所和规定的时间内，完成由测试规定的某种（或几种）特定程序的操作。然后根据其操作情况评定成绩。这种考试的目的在于检测被考者某一特定专业所需的操作技能、技术或技艺。

下面我们来看一个实际操作培训测试的案例。

案例实操

电力技能培训考核

本次考核项目：停电更换400V线路（直线杆）绝缘子、针式瓶绑扎（视为线路安措已做），总分100分。

一、施工

①施工用的工具、材料。

工具：安全带、脚扣、安全帽、提绳、工具袋、电工工具。

材料：P-15 针式绝缘子 2 只，高压横担 1 根，190U 型丝 1 条。

②施工安全要求

正确选择工器具、材料，并对电杆表面及基础进行检查，登杆工具做冲击和拉伸试验。

当直线杆绝缘子更换完毕后，仔细检查现场确认无误后，方可撤离现场。

③施工步骤及工艺要求

正确选择工器具、材料、着装及戴好安全帽。

要求工器具及材料应满足工作需要，穿着正确无误。

登杆作业：登杆前应对电杆表面、根部进行全面检查，确定有无裂纹；对登杆工具作冲击试验，注意登杆动作熟练、规范，工作位置确定合适，安全带系绑正确。

横担安装：更换时，注意使用工具方法正确，操作正确，被更换的绝缘子吊下绳结操作正确，更换操作熟练；绑扎导线坚固、工艺良好。

验收检查及拆除：检查绝缘子安装是否坚固，导线绑扎是否正确牢固。经验收检查后拆除，恢复原状。

二、考核评分表

项目	考核内容	分数	得分
选择工具、材料	工具包或工具夹1个，活扳手两把，提绳1根，材料为 P-15 针式绝缘子 2 只，高压横担 1 根，190U 型 1 条	10	

续表

项目	考核内容	分数	得分
着装及佩戴	不戴安全帽扣5分；工作服穿戴整齐，若着装不整齐，如袖口未扣、卷裤腿扣2分；未穿绝缘鞋或穿旅游鞋、皮鞋扣3分，工作服上衣或裤子未穿，每项扣5分	15	
登杆操作	观察线路杆号，并正确报告所在线路、杆号得4分，不报告不得分；对脚扣、安全带做冲击试验得6分，未试验每项扣3分；正确登杆、动作熟练得15分，不熟练扣3分；不能登杆以下项目均不得分：安全带不得低挂高用，正确使用得5分，安全带低于腰带50cm，约膝盖位置，扣3分，高于颈部扣2分	30	
安装横担及金具	用提绳拉横担时，从右方拉横担时，右脚应比左脚低，动作不正确扣2分 安装顺序：先装横担，再装撑角，最后装绝缘子；拆除顺序与此相反，安装、拆除顺序不正确每项扣2分 操作过程中发生1次螺丝、工具跌落扣3分，若出现横担坠落，每次扣10分 上下传递物品中，应使用绳索，抛掷物品每次扣2分；横担安装后，横担应位于负荷侧，方位不正确扣3分 横担安装后应保持水平，倾斜不超过2cm，超出2cm，扣3分	30	
安全文明生产	工作过程出现接打电话，每次扣5分，现场未清理扣5分，超时扣5分	15	

从案例可以看到，实际操作测试其实就是让学员完整操作一次项目，然后对项目中的每一个步骤进行打分评定，查看学员的整体学习状况，也可以了解学员的哪一些环节存在不足，以便改进。

8.2.3 角色扮演法掌握学习结果

角色扮演法是一种情景模拟的测试，被测试的学员扮演实际工作中可能担任的职务，培训师编制一套与该职务相关的且实际中容易出现的情况作为测试题目，让学员在模拟的、逼真的情境中处理可能出现的各种问题。培训师要注意将培训过程中学习过的内容穿插其中，形成情景。

从测评的角度来讲，角色扮演能够快速地查看出学员的知识掌握能力、分析判断能力、决策能力、领导能力以及沟通表达能力等素质能力，也可以在一定程度上考察被测评者的性格、气质等心理素质。因此，角色扮演测试法实用性较高，尤其是在一些服务性行业的培训中，培训师往往扮演客人，学员扮演服务人员，练习应对各种各样的突发性情况。

角色扮演测试法需要经过以下四个步骤进行设计：

1. 设计情景

角色扮演测试法的关键在于，首先要测试一个好的情景作为前提，如果直接进行角色扮演，学员可能很难“进入情景”。设计情景时要注意情景的真实性和详细性。

真实性要求设计的情景是实际工作中可能发生的，或者是已经发生过的情景，这样可以帮助学员快速进入情景。详细性要求设计的情景条件细致，例如扮演的是顾客，那么可以细化顾客的年龄、性别及穿着等条件，使学员的分析与应用可以更真实。

2. 编制情景状况

培训师需要提前编制情景状况作为测试题目考验学员的反应情况。情景状况包括一般性的情景状况和突发性的情景状况。例如服务人员常规的客户接待、产品推荐以及客户咨询为一般性的情景状况，而顾客不满引起冲突为突发性的情景。

一般性的情景状况可以查看学员的常规培训知识的掌握情况，而突发性的情景状况则可以查看学员的临场反应能力、应变能力以及问题的处理能力等。

3. 正式实施测评

培训师设计好情景背景和情景状况后就可以开始正式实施测评了。实施时要注意引导学员忘记自己是在扮演，让学员全身心融入角色当中，面对测试当中的任何情景都要以所扮演角色的心态和方式来处理问题。其次，培训师还要注意将培训学习的内容尽可能地穿插到情景中，考察学员知识掌握情况。

4. 观察与评估

角色扮演过程中，考评者要对学员角色扮演过程中的行为、语言，及时记录。记录时要注意客观、真实，不要轻易下结论。可以从对角色的适应性、解决问题的有效性以及对突发状况的应变性等方面来进行记录。最后完成测试后，再根据记录信息作最终结果的评估分析。

下面来看一个角色扮演测试案例。

案例实操

销售主管职务角色扮演测评

为了进一步查看各位学员的管理培训课程情况，将开展模拟测评，以便使全组成员能够熟悉并掌握管理培训课程的内容。

一、角色扮演的准备和实施

①人员分配：4人一组，2人主试，2个助手。

②场地布置安排：桌椅按照商品展示位、销售位和顾客位，进行摆放。

③专人记录。

二、角色扮演情景

岗位：销售主管

测评要素：沟通能力、应变能力、问题解决能力以及角色适应能力。

情景设计：受评者以销售主管的身份解决一场因为职员产品销售而出现买卖纠纷。

受评者的角色：刚刚上任的销售主管，30岁。主要负责公司销售部门的日常管理、业绩管理以及员工管理等工作。一日，一名顾客怒气冲冲地到门店，找门店销售员工理论，要求退货，双方争执不下，其他店员找到了主管。

角色扮演者：购买产品的是一位60岁的顾客，前一日到该店购买商品，因为店员介绍部分旧商品打折促销，所以购买1 000元的商品回家。回家后发现商品是残次品，随后到商店找到销售人员要求退货。但是销售人员以残次商品折价销售概不退货为由，不予退款。

角色扮演者：销售人员25岁。该顾客前一日经过商店，看上了打折促销的商品，在向其说明了部分地方残次但不影响正常使用的情况下，该顾客以1 000元的价格购买了商品。第二日，顾客以商品有残次影响使用要求退货，但公司有明确规定，折价销售的商品不予退货。

三、任务要求

①受评人员要妥善处理顾客、销售员工的情绪。

②在自己的权限范围内合理解决纠纷。

四、考核评分

（1）沟通能力（45分）

①能够快速抓住纠纷的核心。

②能够清晰表达自己的观点。

③能够倾听别人的意见。

④平息当事人的情绪。

⑤语言表达条理清晰，逻辑性强。

⑥礼貌用语，亲切。

（2）应变能力（20分）

①能迅速理清事情的经过，找到关键性问题。

②能够快速想到应对的办法，并根据实际情况采取适当的措施。

③能够协调顾客的意见和不满。

④能够引导事件向好的方向发展。

（3）问题解决能力（25分）

①问题妥善解决的程度。

②抗压能力，面对问题的态度。

（4）角色适应能力（10分）

①对自己的角色有清晰的认识，知道自己的职责和义务。

②语言与行为是否符合角色的身份。

8.3　行为评估，查看知识在实际中的应用

行为评估为第三个层次的评估，主要是查看学员回归到正常的工作岗位后，学员的工作行为是否因为培训而出现预期性的改变。主要是对学员日常工作中的工作绩效情况做评估，比较常用的方法包括 360 度评估法、绩效评估法。为了能够得到比较准确的评估结果，通常行为评估会在员工进入工作后三个月或半年后再进行。

8.3.1　360 度评估更全面

360 度评估法也称为全方位评估法，它通过从被考核者发生工作联系的多方主体那里获得被考核者的信息，以此来对被考核者进行全方位的、多维度的绩效评估过程，如图 8-3 所示。

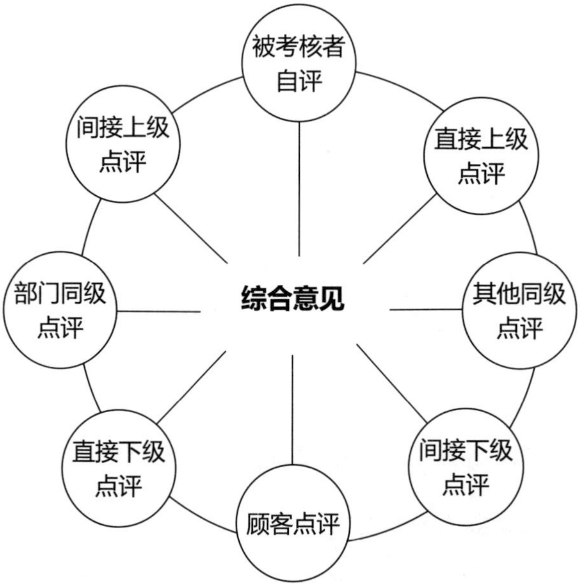

图 8-3　360 度评估法

从上图可以看到，360度评估法打破了传统的上级考核下属的考核制度，通过对同一受评者进行不同角度的评估，能够更准确地得到受评者的真实工作情况。另外，360度评估法也避免了个人偏见情况的发生，使评估结果更全面。

360度评估法需要经过以下三个步骤来进行：

1. 确定考核内容

确定考核的内容包括确定被评估者的考核工作内容，按照各个工作项目设计相应的考核表单。通常360度考核法通常都是以考核问卷的形式进行的，给评价者提供5分等级或者10分等级的量表（称之为等级量表），由主评价者选择相应的分值，或者是让评论者写出自己的评价意见（称之为开放式问题）。

需要注意的是，针对培训效果的行为评估中，考核内容需要根据培训内容做出调整，不能仅以员工绩效为主。例如培训前的工作情况和培训后的工作情况，找到其中的变化进行考核，才能看到培训是否对工作起到作用。

2. 确定评估人

360度评估法的评估人是与被评估者之间相关或间接相关的对象，人数越多评估越全面，但人数过多会给评估工作带来压力。另外，不同的评估者他们各自的权重比例不同，需要考虑与被考核者的工作联系程度和工作效果来合理设置各个考评人的权重。以客服工作人员为例，客户和直接上级的权重较大，间接上级和同级同事权重较低。

3. 结果分析

评估结束后并不意味着结束，还要对评估结果进行分析。首先查看学员是否培训后有进步？如果有，那么进步在哪些地方，效果明不明显。如果没有，那么需要进一步分析产生的原因是什么？后期应该如何改进培训方式或培训内容？

某中层管理人员的绩效 360 度评估表见表 8-2。

表 8-2　360 度评估

考核项目		等级			得分
		A 级	B 级	C 级	
品德	事业心	较强（7 分）	一般（6 ~ 4 分）	较差（3 ~ 1 分）	
	正义感	较强（7 分）	一般（6 ~ 4 分）	较差（3 ~ 1 分）	
	责任感	较强（6 分）	一般（5 ~ 3 分）	较差（2 ~ 1 分）	
能力	沟通能力	较强（3 分）	一般（2 分）	较差（1 分）	
	领导能力	较强（3 分）	一般（2 分）	较差（1 分）	
	激励能力	较强（3 分）	一般（2 分）	较差（1 分）	
	策划能力	较强（3 分）	一般（2 分）	较差（1 分）	
	执行力	较强（3 分）	一般（2 分）	较差（1 分）	
	计划能力	较强（3 分）	一般（2 分）	较差（1 分）	
	团结能力	较强（3 分）	一般（2 分）	较差（1 分）	
	知识能力	较强（3 分）	一般（2 分）	较差（1 分）	
	处事能力	较强（3 分）	一般（2 分）	较差（1 分）	
业绩 50 分		超标（40 分以上）	达标（40 ~ 30 分）	未完成（30 分以下）	
合计分数					
评价					
我是被考核人的：（　　）上级　（　　）同事　（　　）下级　（　　）自己					

表格是一个比较典型的360度评估法的运用，在绩效评估考核中对被考核者采取了上级、下级、同级和自己四个维度的考评。另外，根据各个考核考评的重要程度应该进行权重划分，例如上级50%、下级20%、同级20%、自评10%，这样考核的结果更加科学。

8.3.2 绩效评价更直观

除了通过他人对学员工作表现的评价来评估学员培训后的行为表现之外，还可以利用学员培训后参加工作的绩效成果来评估。利用学员的绩效考核结果做的评估，结果更直观，也更清晰。

绩效评价要求具有学员受培训前的绩效记录。然后，在培训结束三个月或者是半年后，再根据学员的绩效考核结果与受训前的绩效记录进行对比，从而查看学员个人绩效是否进步，培训是否具有效果。

绩效评价指通过一定的评价方法、量化指标以及评价标准，对学员的绩效目标实现程度进行综合性的评价。比较常见的有下列三种方法：

1. 序列比较法

序列比较法是对相同职务员工进行绩效考核的一种方法。在考核之前要确定考评的模块，但并不是要确定需要达到的工作标准。然后将相同职务的所有员工在同一考评模块中进行比较，根据他们的工作状况排列顺序，工作较好的排名在前，工作较差的排名在后。最后，将每位员工几个模块的排序数字相加，就是该员工的考评结果。总数越小，绩效考评成绩越好。

利用序列比较法，可以清晰地看到学员的绩效排名情况。如果培训后相比培训前，学员的绩效排名有明显的上涨，则说明培训对学员的工作行为产生了积极影响；如果培训后相比培训前，学员的绩效排名没有明显变化，说明培训对学员的工作行为没有产生影响，培训无效；如果培训后相比培训前，学员的绩效排名出现明显落后，说明培训可能对学员的工作行为产生了负面影响。

序列比较法的优点在于操作简单，花费时间少，结果直观，不需要过多分析。

2. 相对比较法

相对比较法指在相同职务的员工中确定一个基准，然后将团体中的个体与基准进行比较，相对较好的员工记“1”，相对较差的员工记“0”。所有的员工相互比较完毕后，将每个人的得分相加，总分越高，绩效考核的成绩越好，从而评价出个体员工在团体中的位置。

利用相对比较法，可以将受训后的员工与未受训的员工进行两相比较，从而查看培训效果。如果受训后的员工的绩效明显高于未受训员工，则说明培训对学员的工作行为产生了积极影响；如果受训后的员工的绩效明显低于未受训员工，则说明培训对学员的工作行为可能产生了负面影响。

3. 强制比例法

强制比例法指在绩效考评开始之初，就对不同等级的人数设定了相关的比例限制。员工根据被考核者的业绩，将被考核者按一定的比例分为几类（最好、较好、中等、较差或最差）进行考核的方法。

例如，绩效考核前规定全体员工分为四种类型，且不同类型的员工比例不同。其中，优秀员工占比 10%，良好员工占比 40%，合格员工占比 40%，不合格员工占比 10%。考核过程中，考评人员按预先确定的比例把教师划分到不同类型中。

强制比例法能够克服平均主义，防止评价者过分宽容或过分严厉，出现“一刀切”的现象。但是强势比例法中，预先确定的比例可能不符合实际员工类型的比例，需要反复调整。

利用强制比例法，可以将所有员工进行绩效类型评估，查看受训后员工的优秀员工占比情况。如果受训后的员工占比优秀员工较低，说明培训没有对员工的工作行为产生积极影响；如果受训后员工的优秀员工占比较高，说明培训对员工的工作行为产生了积极影响。

8.4　成果评估，查看培训对企业的影响

成果评估是培训效果评估的最后一层，属于结果层面的评估，是从公司的角度出发，衡量评估培训是否最终改善或提高了公司的业绩。如果通过培训可以达到改变员工态度和行为的目的，那么接下来还要查看这种改变是否能对公司的经营起到积极作用。

因为公司绩效的数据多种多样，所以结果评估没有比较固定的方法和形式，往往需要从企业的培训目的出发评估来查看企业的经营变化，例如企业销售额增长情况、产品生产率是否有所提高等。

8.4.1　企业销售指标查看培训效果

如果企业培训的最终目的是提高公司销售业绩，对员工开展销售课程培训，那么我们可以通过销售额指标变化情况来查看培训效果。

首先分别列出培训前和培训后公司、部门和个人的销售业绩，进行比较，如果销售业绩出现明显的增长，说明培训效果是积极的。

在销售培训中，通常比较常见的评估指标包括下列一些：

◆ 销售量

销售量指企业在一定时期内实际销售出去的产品数量。衡量销售量变化的是销售增长率，它是评价企业发展能力的重要指标，计算公式为：

销售增长率 = 本年销售增长量 ÷ 上年销售总量 =（本年销售量 − 上年销售量）÷ 上年销售总量 ×100%

◆ 销售额

销售额指企业销售货物、提供应税劳务或服务，从购买或接受应税劳务方或服务方收取的全部价款和价外费用。它是企业的主要收入来源，也是衡量培训人员培训成果的重要指标，计算公式为：

销售额增长率 =（本期销售额 − 上年同期销售额）÷ 上年同期销售额 ×100%

常见的销售培训效果分析表，见表 8-3。

表 8-3　销售培训效果对比表

项目		培训前		培训后		销售量增长率	销售额增长率
		销售量	销售额	销售量	销售额		
部门一	员工 1						
	员工 2						
	员工 3						
	……						
	合计						
部门二	员工 1						
	员工 2						

续表

项目		培训前		培训后		销售增长率	销售额增长率
		销售量	销售额	销售量	销售额		
部门二	员工 3						
	……						
	合计						
部门三	员工 1						
	员工 2						
	员工 3						
	……						
	合计						
公司总业绩							

根据上述模板得到企业、部门和个人培训前后的业绩对比，此时，我们可以通过以下公式来进一步分析培训后的效果：

销售增长 = 人均销售额增长 × 销售利润率 × 人数

8.4.2 从员工劳动指标查看培训效果

如果企业培训的目的是提高员工的劳动生产率，那么我们可以利用相关的劳动生产指标来查看培训效果。

在员工生产培训结果评估中，比较常用的指标包括下列两项：

◆ 劳动生产率

劳动生产率是指员工在一定时期内创造的劳动成果与其相适应的劳动消耗量的比值。劳动生产率水平可以用同一劳动在单位时间内生产某种产品的数量来表示，单位时间内生产的产品数量越多，劳动生产率就越高。也可以用生产单位产品所耗费的劳动时间来表示，生产单位产品所需要的劳动时间越少，劳动生产率就越高。

◆ 产品合格率

产品合格率指一批产品生产出来后，经过规范检测，检测出来的合格产品占产品总数的百分比，就叫产品合格率，它能够反映员工的生产技术水平。

常见的生产培训课程效果分析表，见表 8-4。

表 8-4　生产培训课程效果分析表

项目		培训前		培训后		生产率提高	产品合格率提高
		生产数量	产品合格数量	生产数量	产品合格数量		
部门一	员工 1						
	员工 2						
	员工 3						
	……						
	合计						
部门二	员工 1						
	员工 2						
	员工 3						
	……						
	合计						
部门三	员工 1						
	员工 2						

续表

项目		培训前		培训后		生产率提高	产品合格率提高
		生产数量	产品合格数量	生产数量	产品合格数量		
部门三	员工 3						
	……						
	合计						
部门四	员工 1						
	员工 2						
	员工 3						
	……						
	合计						
公司总生产							

根据上述模板得到企业、部门和个人培训前后的产品生产情况对比，此时，我们可以通过下列公式来进一步分析培训后的效果：

劳动生产率提高 = 劳动生产率提高的比例 × 人均人力成本 × 人数

8.4.3　计算培训成本查看回报

前面介绍的是培训项目的总收益回报，即经过销售课程培训之后，员工为企业增加了多少收益，以及经过生产课程培训之后，员工为企业提高了多少生产收益。但是，还需要将这些收益与培训的成本进行计算，查看培训的投资回报率。

在开展培训课程的过程中，企业通常花费了大量的人力、物力，如果培训的投资回报率过低，那么即便通过培训提高了企业的效益，也是不合理的。只有培训的投资回报率合理，才能说明培训是有效且积极的，能够对企业产生正面的、长期的作用。

鉴于此，我们需要分析和确定培训成本。培训的成本由三个阶段组成，具体见表 8–5。

表 8–5　培训成本

阶　段	项　目	内　容
培训设计阶段	人员费用	需求分析、课程开发和培训课程设计
	场地	办公室
	设备 / 材料	培训教案、材料
培训实施阶段	人员费用	培训师费用、学员工资、差旅费和食宿费等
	场地	培训室
	设备 / 材料	培训设备
培训结束后评估阶段	人员费用	设计问卷、跟踪访谈、数据收集和整理分析
	场地	办公室
	设备 / 材料	问卷、调查和评估

根据表格内容计算培训成本后，可根据下述公式来计算培训投资回报率：

培训投资回报率 =（培训项目收益 – 培训成本）÷ 培训成本 ×100%

巧用工具，让培训与时俱进

培训师在培训过程中常常会用到一些培训工具，除了简单的白板、课件之外，还可能会用到一些多媒体工具，这些工具可以让课程内容更丰富，也可以让学生更轻松地理解内容。因此，培训师需要掌握这些工具的使用方法。

9.1　制作培训演示文稿的关键操作

培训过程中常常会用到演示文稿，作为一个培训师，演示文稿是重要的培训资料，不能随便制作几张幻灯片来应付了事。培训师需要掌握一些基本的操作方法，制作出专业的、符合要求的演示文稿。

9.1.1　用母版来统一整体的风格

培训师的演示文稿中有一个显著的特点就是风格统一，增添画面浏览的观赏性和艺术性，使整个演示文稿更美观。但是，培训师如果要对演示文稿中的内容进行格式、背景的统一是非常麻烦的事情，这时我们可以利用母版来快速处理。

幻灯片母版，是存储有关应用的设计模板信息的幻灯片，包括字形、占位符大小或位置、背景设计和配色方案。应用幻灯片母版可以快速实现演示文稿外观风格的统一。

在企业中，对于内部使用的演示文稿的模板外观都应采用统一的风格，而要实现快速统一演示文稿外观风格的方法就是使用母版。

幻灯片母版中有两种母版，分别是主母版和版式母版，在默认的情况下，幻灯片母版包括一个主母版和 11 个版式母版，要让整个演示文稿具有统一的风格，需要在主母版中设置，也就是在幻灯片母版中看到的第一张母版，如果在其他的版式母版中设置格式，就只能在该版式的幻灯片中应用该格式。在介绍幻灯片母版的相关操作之前，首先来认识一下幻灯片的母版。如图 9-1 所示。

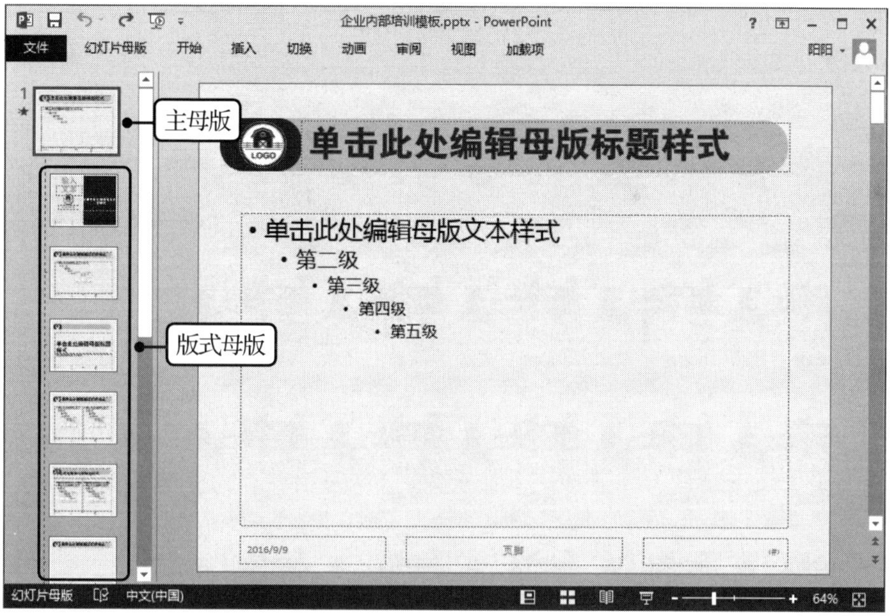

图 9-1　幻灯片母版

下面我们通过一个具体的实例来介绍如何用母版统一风格。

案例实操

为企业内部培训演示文稿设置统一的幻灯片风格

默认创建空白演示文稿后，其中的母版占位符的字体格式为默认显示的效果，此时可以对演示文稿的母版字体进行设置，从而统一演示文稿中所有幻灯片的字体格式。

打开“企业内部培训”素材，单击“视图”选项卡，在“母版视图”组中单击“幻灯片母版”按钮，如图 9-2（左）所示。

在“幻灯片母版”视图中单击“大小”组中的“幻灯片大小”下拉按钮，选择“标准（4:3）”选项，如图 9-2（右）所示。

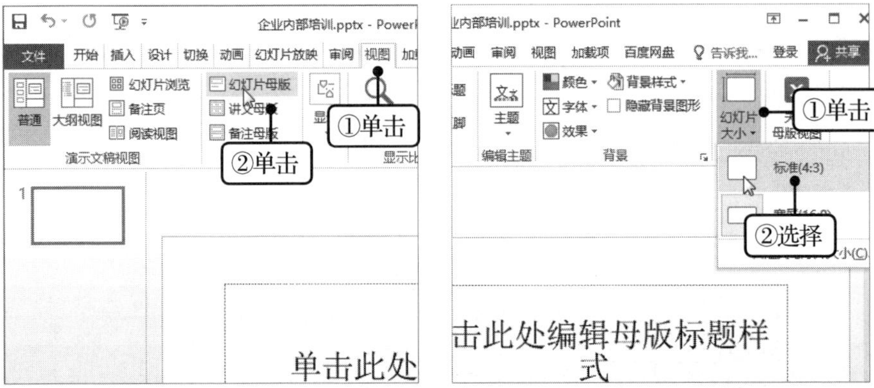

图 9-2　设置幻灯片大小

在左侧的任务窗格中选择主母版，单击“开始”选项卡，如图 9-3（左）所示在右侧的编辑区域选择标题占位符文本框，在“开始”选项卡“字体”组中设置字体格式为“方正大黑简体，40”，如图 9-3（右）所示。

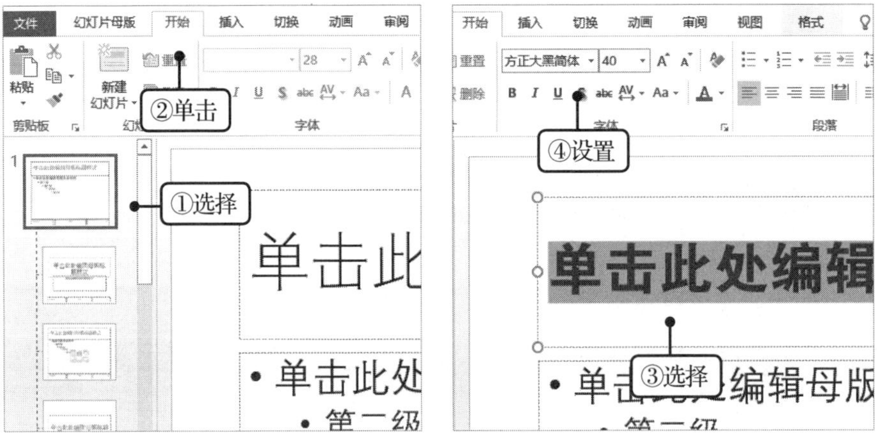

图 9-3　设置主母版字体

保持文本框的选择状态，单击“加粗”按钮为标题占位符添加加粗格式，单击“文字阴影”按钮为标题占位符添加文字阴影效果，如图 9-4（左）所示。

选择正文占位符文本框，在“字体”组中设置字体格式为“微软雅黑，18”，如图 9-4（右）所示。与主母版字体效果设置方法相同，为正文占位符文本中的字体设置“加粗”样式。

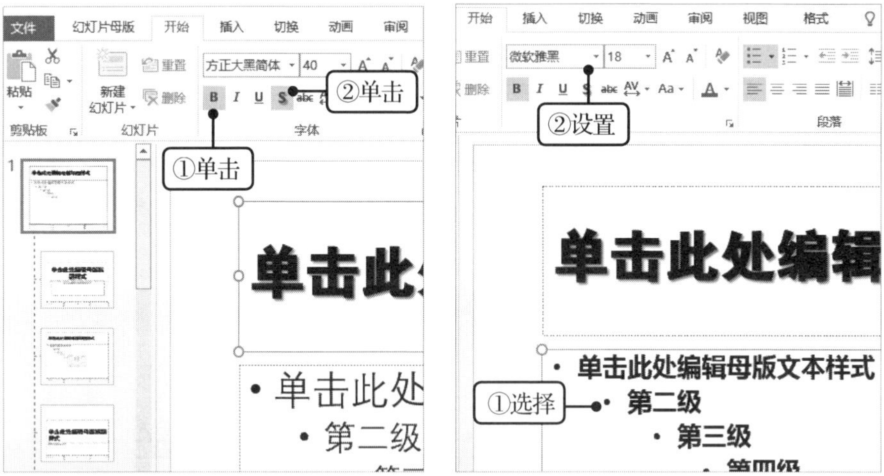

图 9-4　设置版式母版字体

然后为主母版添加背景。单击“幻灯片母版”选项卡，在左侧的任务窗格中选择主母版，如图 9-5（左）所示。在“背景”组中单击“背景样式”下拉按钮，选择“设置背景格式”命令，如图 9-5（右）所示（在下拉列表中选择其他颜色选项可以快速为母版应用程序内置的填充背景效果）。

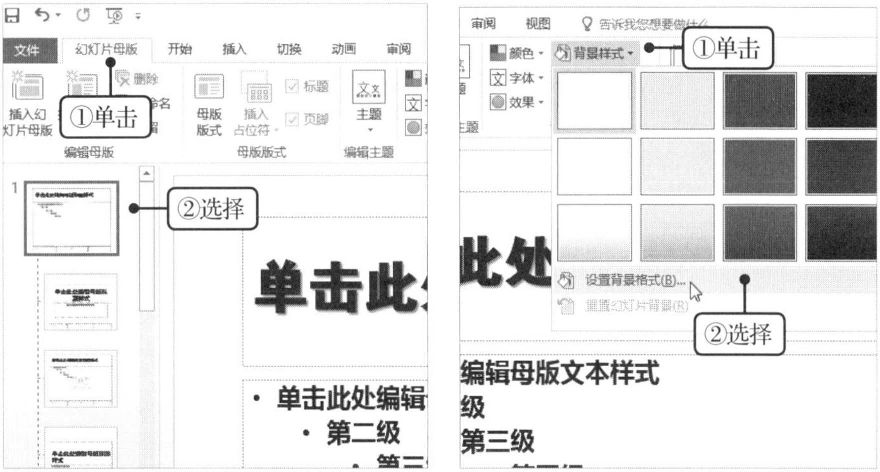

图 9-5　单击设置背景格式

在打开的“设置背景格式”任务窗格中选中“图片或纹理填充”单选按钮，单击“文件”按钮，如图 9–6（左）所示。

在打开的“插入图片”对话框中选择文件的保存位置，在中间的列表框中选择需要的背景图片，单击“插入”按钮，如图 9–6（右）所示。

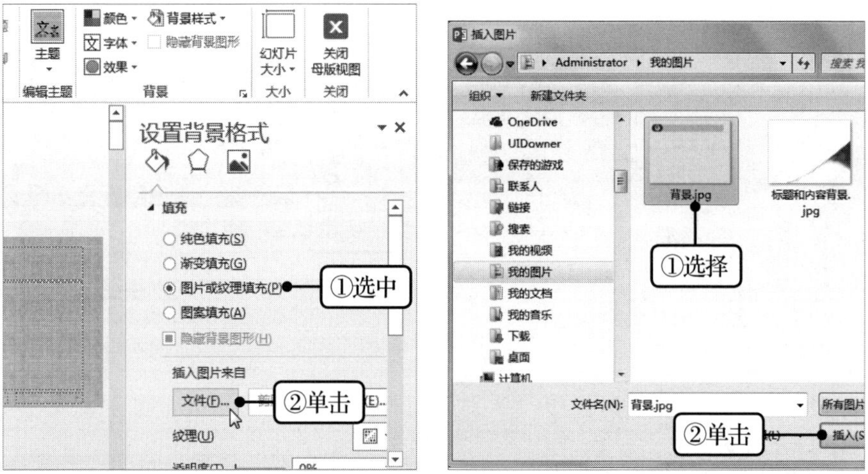

图 9-6　插入背景图片

在返回的工作界面中即可查看到修改幻灯片母版后的最终效果，然后拖动标题占位符的控制点对标题占位符的大小进行调整，将其移动到合适位置即可。最后为了母版效果能够更好看，还可以对母版中的字体颜色进行调整。

9.1.2　演示文稿中的关键页面制作

演示文稿中有几个关键页面非常重要，虽然内容上较少，却常常是决定一个演示文稿是否吸引人的关键。这几个关键页面分别是开始页、结束页和目录页，下面我们依次来介绍。

1. 开始页

开始页面设计从图文结构来看，分为三种类型：全图型、全文字型和图文结合型。

◆ 全图型

全图型的首页设计是一种比较简单的设计，页面通常以一张具有冲击力或吸引力的图完成，然后添加培训课程的题目内容既可，如图 9–7 所示。需要注意的是，全图型选择的图片需要与培训的内容相关联，不能为了美观而选择毫无联系的图片。

图 9–7　全图型开始页

◆ 纯文字型

纯文字型的首页面通常比较简单，以便观看者可以将目光聚焦在文字上，快速凸显文字内容。所以这类的开始页面通常会大范围的留白，然后放大文字字体或设计个性化的字体样式。有一些演示文稿为了更美观，还会在其中添加一些小的样式或图片，如图 9–8 所示。

图 9-8　全文字型

◆ 图文结合型

图文结合型指的是开始页面中图片和文字各自占比一半左右。在这种图文结构中，通常图片和文字会采用左右结构，或是上下结构，如图 9-9 所示。

图 9-9　图文结合字型

2. 结束页

结束页为演示文稿的最后一页，内容通常是表示感谢，比较简单。但是需要注意的是，结束页面的风格应该与开始页面的风格一致，做到首尾呼应，风格一致，如图 9-10 所示。

图 9-10 结尾页

3. 目录页

目录页的作用在于对演示文稿的主要内容进行预览，让观众能够对演示文稿的内容有一个大致的了解，起到内容导航的作用。目录页比较简单，通常以文字为主，标明知识点的顺序即可，如图 9-11 所示。

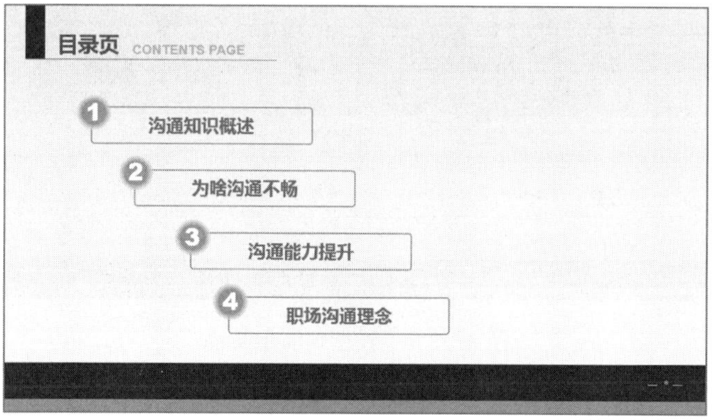

图 9-11 目录页

9.1.3 演示文稿制作误区

培训师制作的演示文稿是为了能够帮助学员可以更清晰、直观地查看课程内容，吸引学员的注意，提升学员学习的兴趣。所以培训师在制作演示文稿时要注意一些细节问题，否则会影响演示文稿的效果，降低学员浏览的兴趣。

◆ 注意演示文稿内容上的和谐性

演示文稿要注意视觉上的和谐性，给人以舒服、自然的感觉，具体来看指的是内容上不要全部采取直角或是圆形。当页面内容全为直角时会给人以生硬、刻板的印象。当全部为圆形时，也会给人形成一种页面过满、过于丰富的感觉，从而影响视觉效果，如图 9-12 所示。

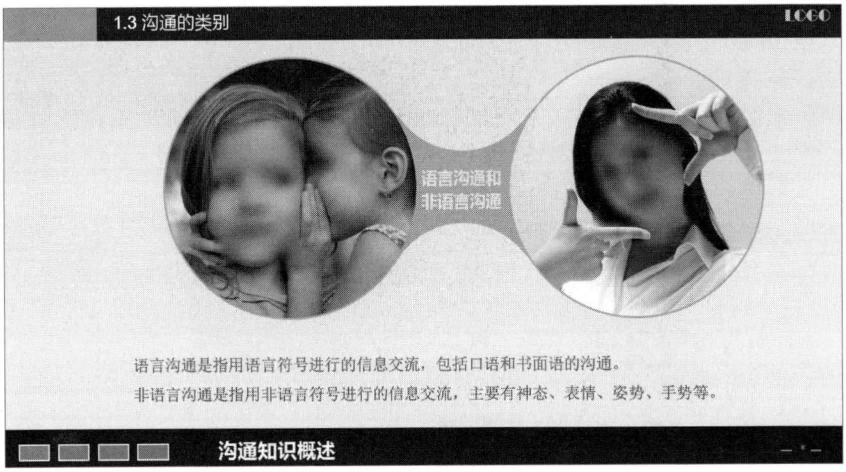

图 9-12　不和谐的演示文稿

◆ 过度重叠显示

重叠显示可以增加层次感，使内容更丰富，是一种比较好的内容展示方式。但是如果演示文稿中的内容过于重叠，则反而会影响观赏效果，让人看不清内容，觉得页面混乱。

PPT 版面中的文字可放置在一个图像背景内，这样会使文字显得更加生动，但不能出现文字的部分与其他图像交叉重叠，否则会显得杂乱。

图 9-13 为时间管理培训课程的开始页，在其中用了一张与时间相关的背景图完全铺满整个演示文稿，由于背景图比较复杂，因此文字直接覆盖在上面并不能突出显示。

图 9-13　重叠显示

◆ 编排不合理

演示文稿中编排文字时要注意文字图片摆放的位置，要以便于观赏为主，如果出现摆放不合理时可能会直接影响观感。

如图 9-14 所示，第一张图片为了效果刻意将文字倾斜放置，但却加大了观赏者观看的难度。在第二张图中，同样是倾斜放置文字，却遵循了观赏者的查看习惯，观看起来更方便。

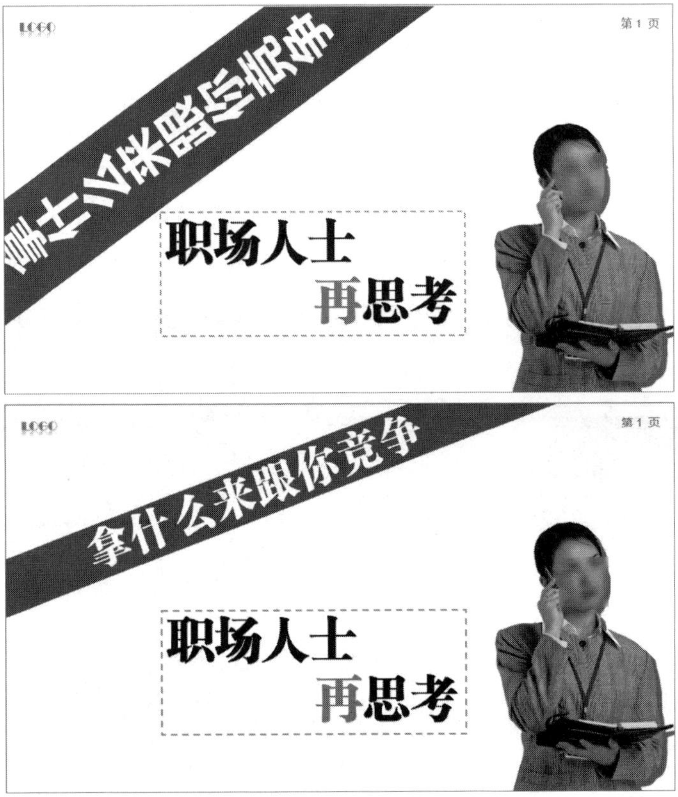

图 9-14　编排不合理

因此，对于培训师来说，我们在追求演示文稿艺术性、创意性的同时，更应该注意的是要以学员的观看感受为主，尽量避免增加观看的难度。

9.2　PPT 的制作技巧

虽然 PPT 的制作大同小异，很多地方都有关于 PPT 制作的方法介绍，但是对于培训师来说，制作的 PPT 内容以课程教材为主，观赏的对象多是学员，所以需要结合实际情况来设计出具有培训特点的 PPT。下面来具体介绍一些 PPT 的制作技巧。

9.2.1　培训类 PPT 的设计原则

PPT 主要分为两种类型，分别是演讲型 PPT 和课件型 PPT。在演讲型 PPT 中，PPT 起到一个辅助性的作用，重要的是演讲者提出的主要核心观点，所以这类 PPT 的内容比较简单，通常只展示关键点即可，以便观赏者将重点放在演讲者本人身上。

课件型 PPT，也就是培训师使用的 PPT。这类 PPT 的内容通常比较全面，包含了培训所学的重点知识、关键知识以及一些一般性知识。很多时候 PPT 作为培训师的板书，向学员进行讲授。

由此，可以发现演讲型 PPT 和课件型 PPT 的不同在于内容。课件型 PPT 制作的核心是培训内容，以及课程内容之间的逻辑结构。具体来看，课件型 PPT 应该遵循以下五个原则：

◆ 丰富的表现力

课件 PPT 应该结合图片、音频以及文字等多种表现形式来丰富课件内容，让课程内容可以更加逼真、自然地展示出来。还可以对宏观、微观的难以表达的事物进行模拟，对抽象、无形的事物做生动的表现，对一些复杂的过程进行演示播放或简化再现。这一系列素材丰富的 PPT 可以使原本枯燥的教学更生动，也能起到吸引学员，帮助学员理解消化内容的作用。

◆ 良好的交互性

课件 PPT 中的内容应该具备良好的交互性，可以让学员们通过 PPT 与培训师形成互动，而非培训师单方面讲解。

◆ 主题要明确

设计制作的 PPT 要求主题要明确，学员通过阅读查看 PPT 能够快速捕捉到该课程的中心内容，或是主题。

◆ 逻辑要清晰

制作的 PPT 在内容上要求逻辑清晰，尤其是课程内容过多时，更要注重知识点之间的逻辑关系，注重内容的先后顺序、深浅程度以及它们之间的主次关系。

◆ 注重风格的统一

风格统一要求培训师制作的 PPT 保持同一种风格，避免让学员在培训过程中产生眼花缭乱的不适感。主要从 PPT 的字体样式、空间布局以及颜色搭配上保持视觉的统一。

9.2.2 掌握 PPT 素材收集方法

一份精美的 PPT 通常需要大量的素材图片、图示和表格等，从而使内容更加丰富。那么，培训师应该如何寻找并收集这些素材呢？下面分享几个实用的 PPT 素材寻找途径。

1. 借助搜索引擎寻找

百度搜索引擎是我们运用较多，也是较简单、较直接的一种 PPT 素材收集途径。如果培训师手动制作 PPT，缺少必要的素材时，可以通过百度这类的搜索引擎实现，如图 9-15 所示。

图 9-15　百度引擎搜索

2. 借助素材网站寻找

实际上随着 PPT 的广泛应用，市面上出现了大量的 PPT 素材网站，培训师可以借助这些素材网站来快速完成素材的收集。表 9-1 为比较常用的一些素材网站。

表 9-1　素材来源

素　材	名　称
图片	素材中国
	站酷
	橄榄图摄影课堂
	千图网
	昵图网
	图鱼网
字体	求字体网
	书法迷

3. 通过设计网站寻找

培训师还可以借助一些设计网站来寻找灵感和素材，这种类型的网站中资源非常丰富，有图库、教程、资源下载、字体和配色等。图 9-16 为设计师网址导航网站首页。

图 9-16　设计网站收集

4. 付费 PPT 素材网

除了免费的素材网之外，还有一些非常专业的、精美的付费PPT素材网，里面的素材更为丰富。图 9-17 为 PPTSTORE 网首页。

图 9-17　付费网站

5. 利用国外的资源网

除了国内的资源网之外，国外也有一些资源网站支持中文检索，可以帮助我们收集素材。图 9-18 为 Hippopx 网的首页图。

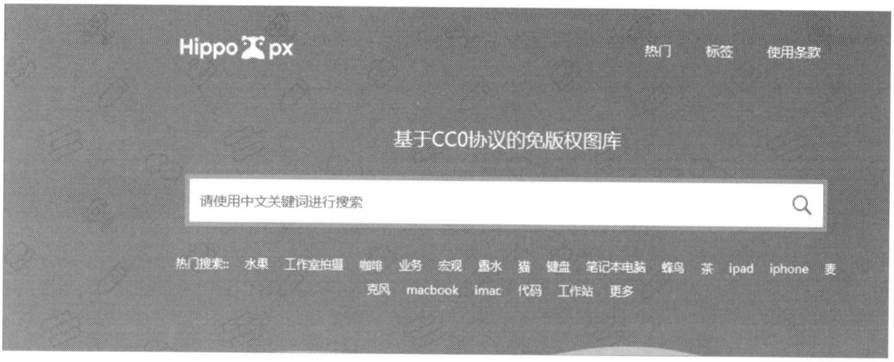

图 9-18 国外资源网

9.2.3 图片素材的加工处理

我们找到素材图片之后，往往还不能直接运用，需要对其做一些加工处理，让图片内容能够更好地得到展示，也能够使整体的色调更统一。下面介绍常见的三种加工处理方法。

1. 颜色过多杂乱

当我们寻找到某张图片想要将其制作成 PPT 背景时，却发现作为背景的图片颜色过多杂乱，在上面添加文本框输入文本内容之后，内容不醒目，让人抓不到重点。

此时我们可以做一些图片处理，让原本颜色杂乱的图片更干净、简洁。操作非常简单，只需要调节图片的灰度色，然后为其添加蒙版和文字即可。图 9-19 为某街头图片。

图 9-19　图片加工前

从图中可以看到该图颜色过于丰富，作为背景图片难以突出文本内容。随后调整图片的灰度并添加蒙版后，效果如图 9-20 所示。文字更突出，效果更好。

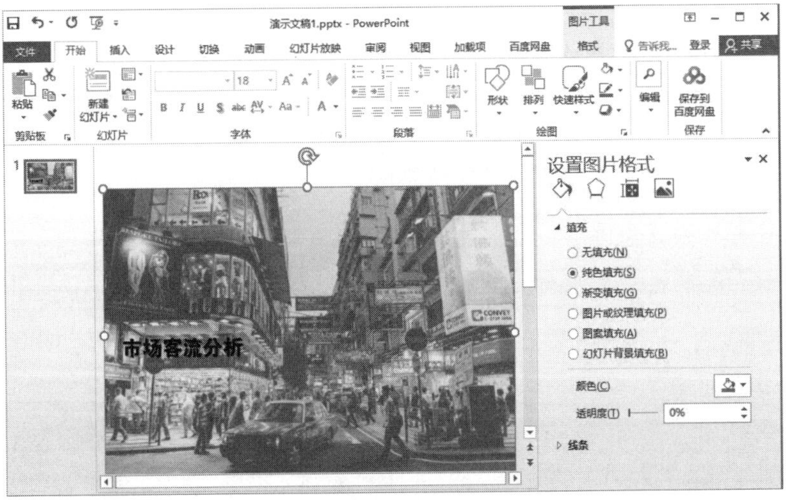

图 9-20　图片加工后

2. 不对称图片

在 PPT 制作中我们常常会用到一些对称图片，对称可以让整个画面看起来更平衡，更协调，也更具有美感。但是实际收集到的图片，想要完美对称却很困难，此时我们可以对图片做一些加工处理。

如图 9-21 所示，图片并不是对称图片，图片的左边有缺失，并不适合。

图 9-21　图片加工前

此时，我们可以对图片做一些加工处理让其变得更对称。首先，我们需要裁剪掉部分不适合的内容。然后，选择需要用到的部分，将其复制，这样我们就得到了两张同样的图片。

最后，将两张图片拼接在一起，然后水平翻转调整复制图片的位置，这样就可以得到一张完美对称的图片了。图 9-22 为加工后的对称图片。

图 9-22　图片加工后

3. 图片尺寸不适合

图片尺寸不合适是 PPT 制作中的常见问题，我们下载到的图片可能过大，也有可能过小。如果图片过大，可以删除部分多余的。但如果过小，那么应该怎么办呢？直接拖动拉伸图片必然会导致图片变形，不可取，如图 9-23 所示。

图 9-23　图片加工前

此时，我们可以在右侧空白部分添加蒙版和文字，使其尺寸更合适，为了能让蒙版与图片之间的衔接更自然，整体更协调，可以添加渐变效果，如图 9-24 所示。

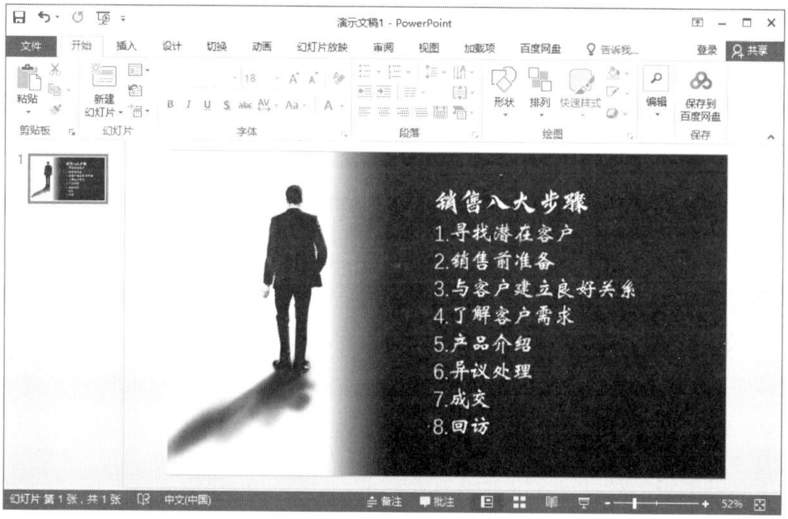

图 9-24　图片加工后

9.2.4　遵循版面设计编排的四大法则

想要设计精美的，具有观赏性的 PPT 页面，就必须要遵循版面设计编排的四大法则，否则若页面只是简单的内容堆砌，就会出现逻辑混乱，页面杂乱的情况，难以起到赏心悦目的作用。版面设计的四大原则分别是：关联原则、对齐原则、重复原则和突出原则。

1. 关联原则

关联原则指的是在页面布局排版中需要厘清内容的结构性和逻辑关联性，将有关联的内容信息组织在一起，形成一个视觉单元。这样的布局可以让观众快速从页面中理解内容的结构，如图 9-25 所示。

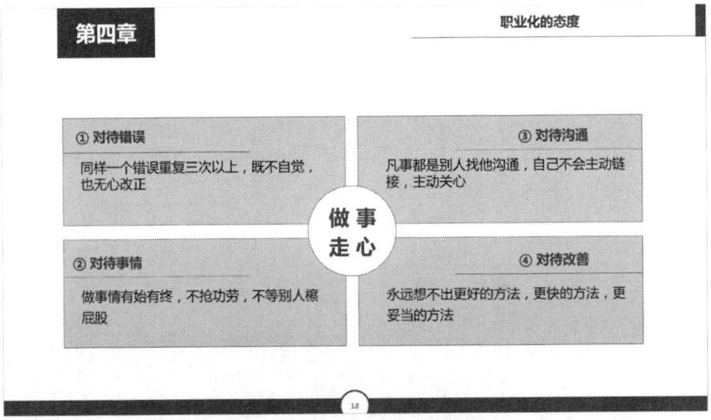

图 9-25　关联性原则

关联性原则简单来说，就是物以类聚，通过将有关联的信息放在同一级别位置，使其在结构上更清晰。图 9-25 中通过 PPT 的布局我们了解到“第四章 职业化的态度→做事走心→①对待错误及内容；②对待事情及内容；③对待沟通及内容；④对待改善及内容”。

2. 对齐原则

对齐原则要求页面中的任何元素都不能随意放置，应该与其他的原色形成视觉联系，从而创建出一个干净、清爽的页面。对齐的方法有很多，比较常见的包括横向对齐和纵向对齐，如图 9-26 所示。

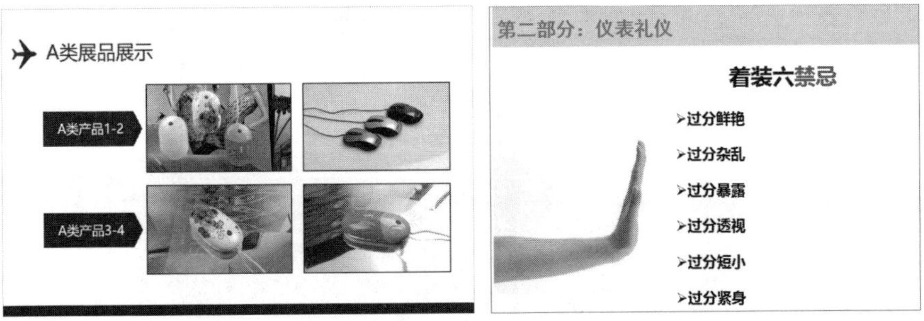

图 9-26　横向对齐和纵向对齐

除此之外，还有一些比较特别的对齐方式，例如斜线对齐和图形对齐。斜线对齐指内容依据斜线进行对齐，而图形对齐指内容根据图形的形状特点对齐，如图 9-27 所示。

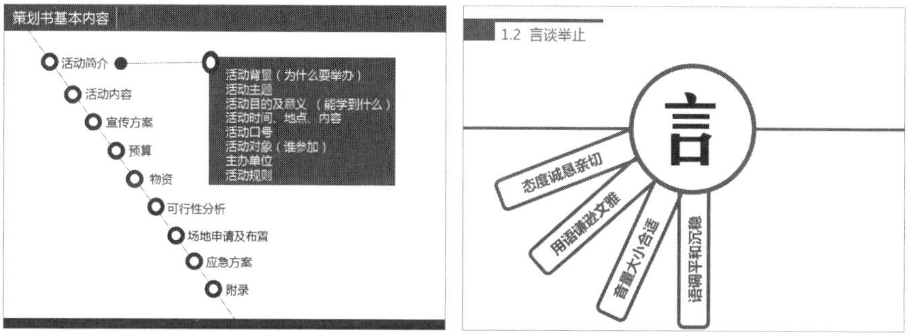

图 9-27 斜线对齐和图形对齐

3. 重复原则

重复原则指 PPT 内容中的某一元素重复多次的出现，使 PPT 形成一种统一的风格，可以是颜色、字体和符号等的重复使用，如图 9-28 所示。

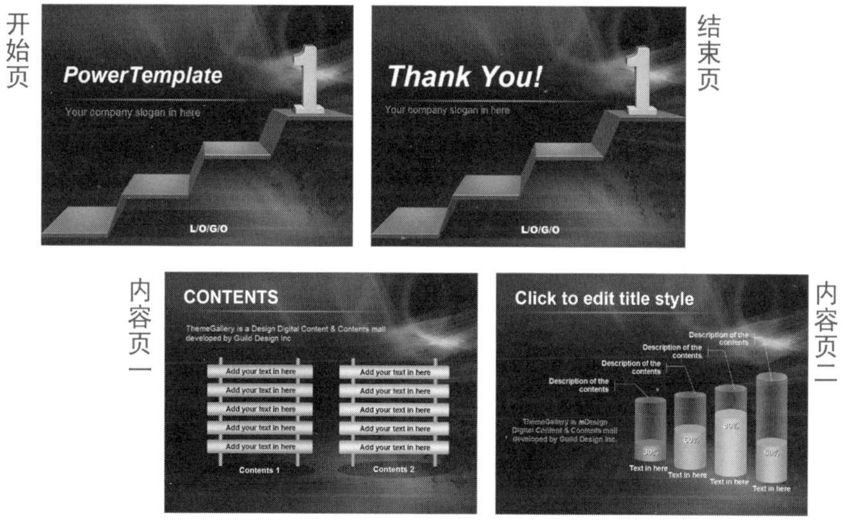

图 9-28 重复原则

4. 突出原则

我们要清楚 PPT 页面中的不同位置、面积大小、颜色深浅，都会使内容突出的程度不同。

因此，要注意利用 PPT 内容突出原则，让 PPT 的内容展示更多样，重点更突出，页面也更有层次感和设计感，如图 9-29 所示。

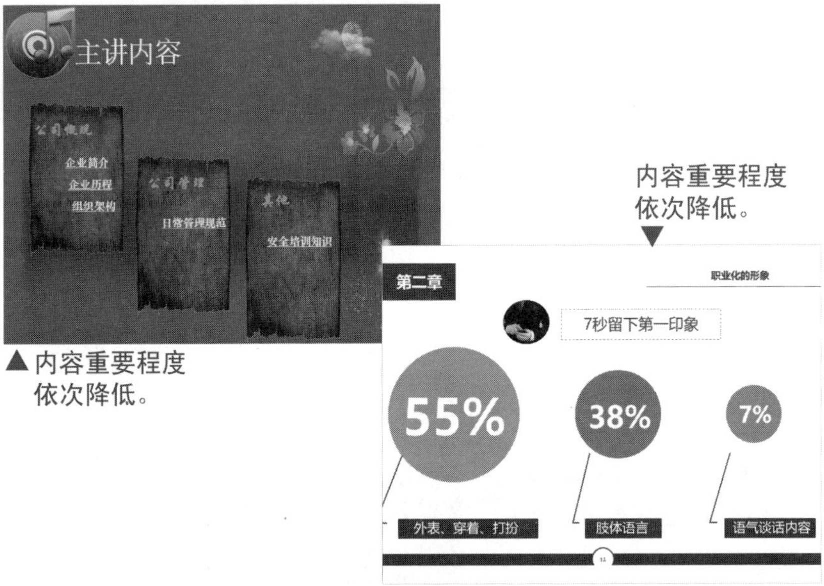

图 9-29　突出原则

9.2.5　精美的布局设计鉴赏

一个好的版式布局，能够提升 PPT 整体的观赏性，也能让内容表达更清晰和直观。下面介绍几种常见的万能布局样式，以便培训师可以在实际的 PPT 制作中快速运用。

◆ 常规型

常规型布局指最常见、最简单的布局，它按照人们普遍的视觉顺序，从上到下对内容进行排列，如图 9-30 所示。

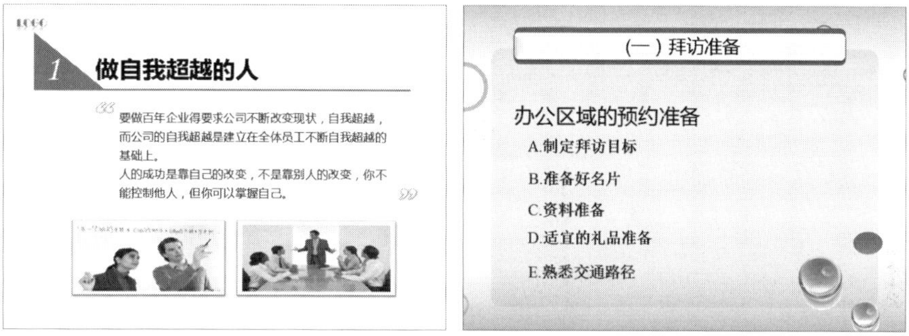

图 9-30　常规型布局

◆ 左右布局

左右布局通常将图片放置在左侧，使之与横向排列的文字形成对比，依据从左到右的顺序进行排列，更符合人的视线流动顺序，如图 9-31 所示。

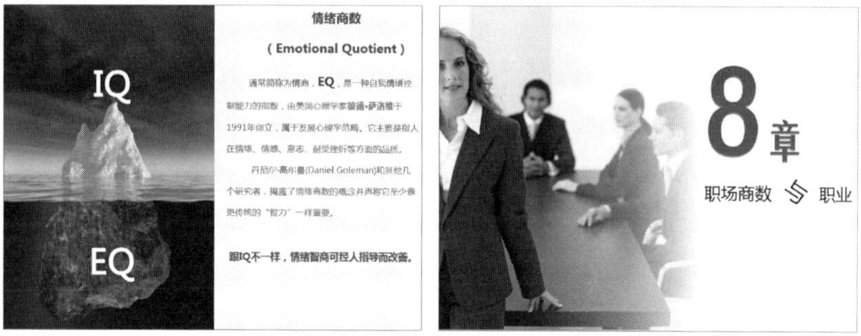

图 9-31　左右布局

◆ 斜置型布局

斜置型布局要求在布局时所有的信息内容向右边或左边适当的倾斜，使画面更灵动，观赏性更强，如图 9-32 所示。

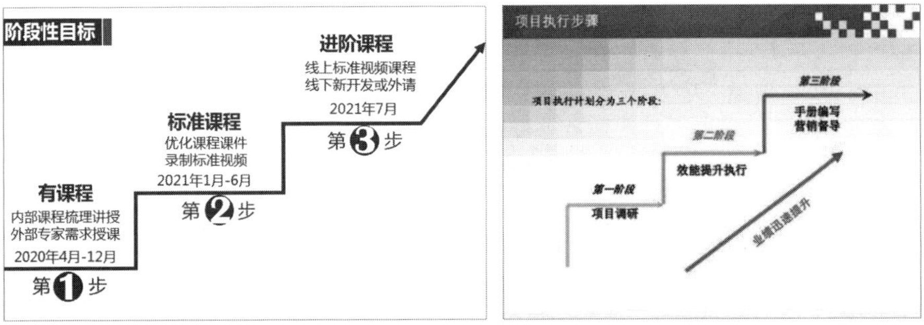

图 9-32　斜置型布局

◆ 圆形或半圆形布局

圆形或半圆形布局在构图时以圆或半圆作为版面的中心，在此基础上按照标准型顺序安排标题、说明文和标志图形，视觉上更引人注目，如图 9-33 所示。

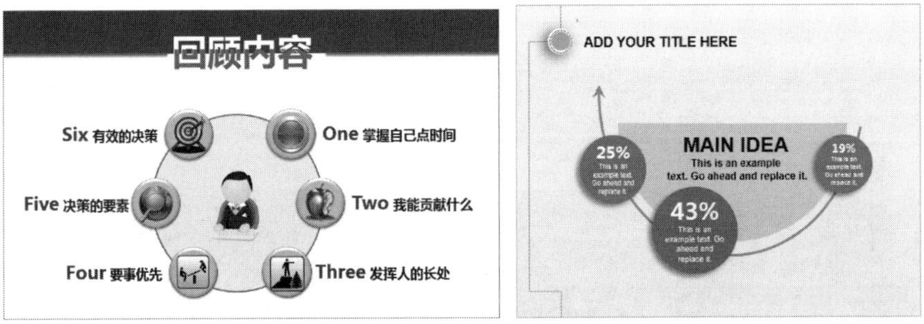

图 9-33　圆形或半圆形布局

◆ 对称布局

对称布局指在页面中找到一根轴心，然后依次平均地将内容放在轴心线上或轴心的两侧，形成对称。对称布局具有良好的平衡感，可以使页面看起来更平衡，更具美感，图 9-34 为对称布局。

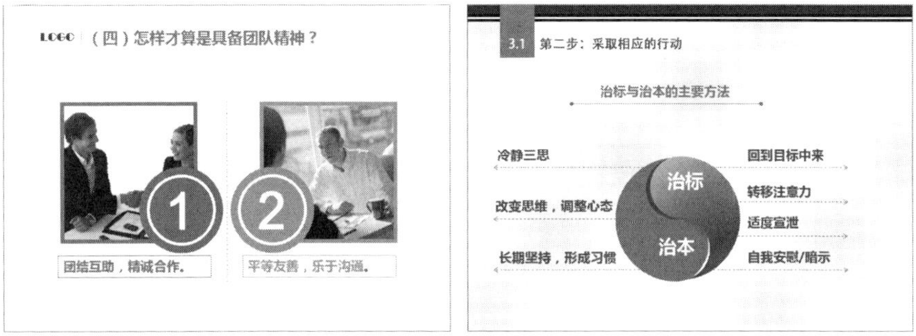

图 9-34　对称布局

◆ 文字型布局

文字型布局指在以文字为主的页面中，图片仅仅是点缀，为了让观众的视觉重心聚焦在文字上，而不被图片所影响，所以需要加强文字本身的感染力，可以用颜色、加粗、字体和排版等来实现，如图 9-35 所示。

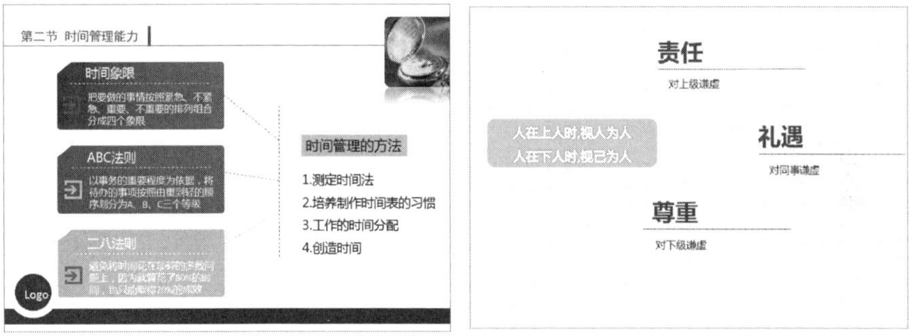

图 9-35　文字型布局

◆ 指示型布局

指示型布局指在页面的结构排版上具有比较明显的指向性，能够引导观众按照指示箭头的方向进行阅读，使页面整体指向性更明确。通常指示型布局运用在步骤性的内容中，观众能够快速掌握先后顺序的关系，如图 9-36 所示。

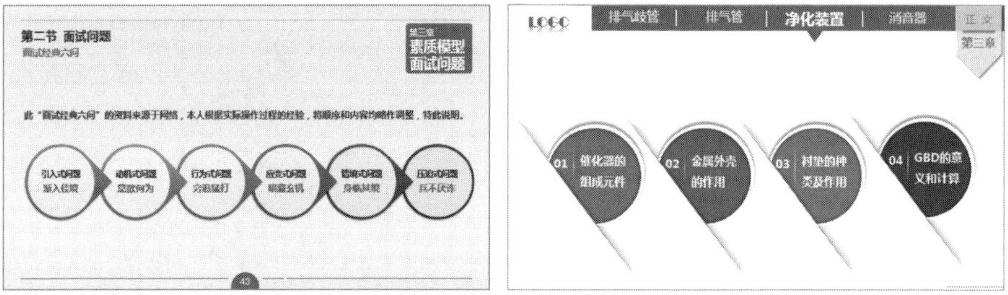

图 9-36 指示型布局

9.2.6 用图表直观呈现数据结果

文不如表，表不如图，也就是说在 PPT 展示中大量的文字不如表格，而表格不如图形结构展示，这样的展示可以让结果能更好地呈现给观众，让观众一目了然。因此，这就要求我们在制作 PPT 的过程中尽可能地使用图表代替文字，以便更直观地展示数据结果。

PPT 中的图表类型有很多，不同的图表能够展示不同的数据关系，下面来依次介绍。

◆ 柱形图

柱形图是一种以长方形的长度为变量的统计图表。柱形图用来比较两个或以上的价值（不同时间或者不同条件），只有一个变量，通常利用于较小的数据集分析，如图 9-37 所示。

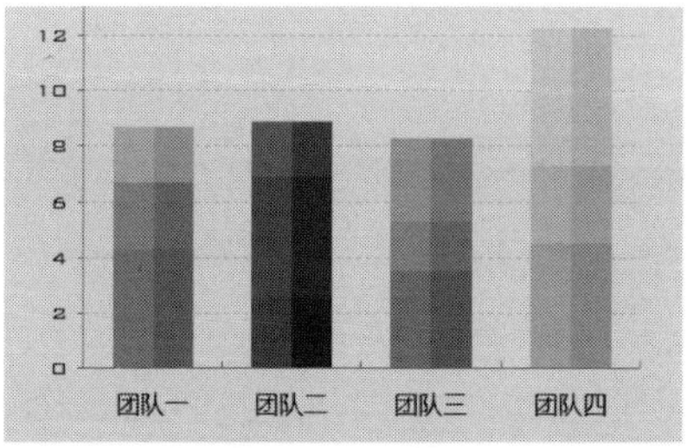

图 9-37 柱形图

◆ 条形图

条形图是用宽度相同的条形的长短来表示数据多少的图形，与柱形图类似，如图 9-38 所示。

图 9-38　条形图

◆ 折线图

折线图用于显示数据在一个连续的时间间隔或者时间跨度上的变化，它的特点是反映事物随时间或有序类别而变化的趋势，如图 9-39 所示。

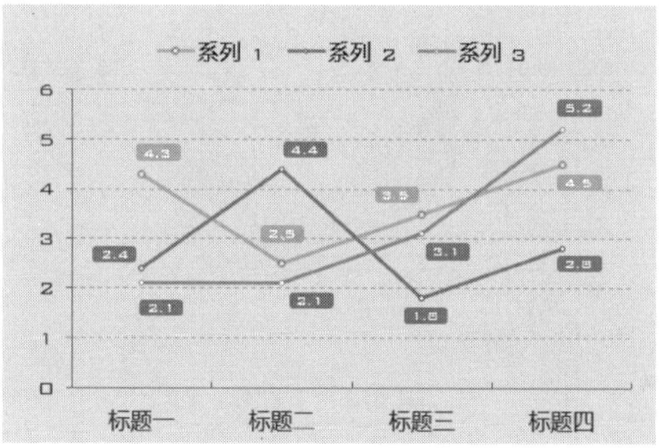

图 9-39　折线图

◆ 面积图

面积图是一种随时间变化而改变范围的图表，主要强调数量与时间之间的关系变化，如图 9-40 所示。

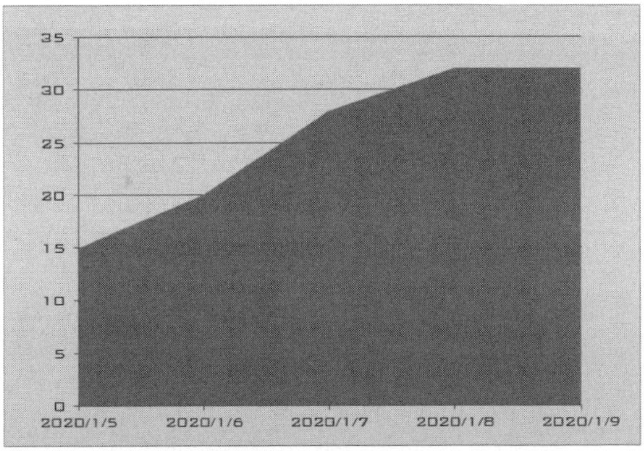

图 9-40　面积图

◆ 饼图

饼图可以展示每一部分数据占全部数据的百分比情况，在实际数据构成比例情况中应用较多，如图 9-41 所示。

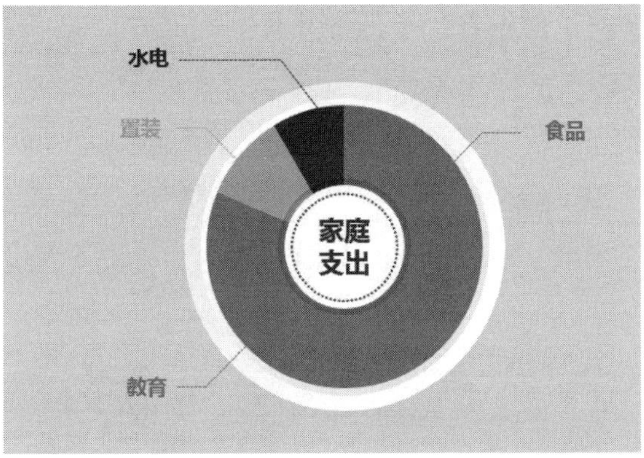

图 9-41　饼图

◆ 散点图

散点图是指在回归分析中，数据点在直角坐标系平面上的分布图，散点图表示因变量随自变量而变化的大致趋势，据此可以选择合适的函数对数据点进行拟合。用两组或多组数据构成多个坐标点，考察坐标点的分布，判断两变量之间是否存在某种关联或总结坐标点的分布模式，如图 9-42 所示。

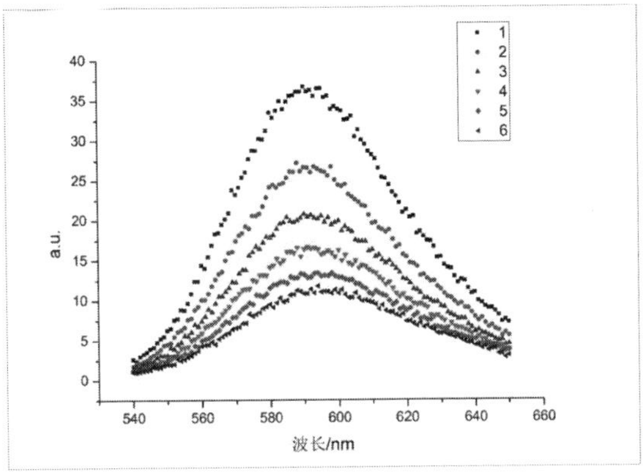

图 9-42 散点图

◆ 气泡图

气泡图表示的是三维的数据，可以让我们清晰地看到各个数据之间的关系。其中 X、Y 表示气泡位置，Z 反映的是气泡大小，即第三个数值确定气泡数据点的大小，如图 9-43 所示。

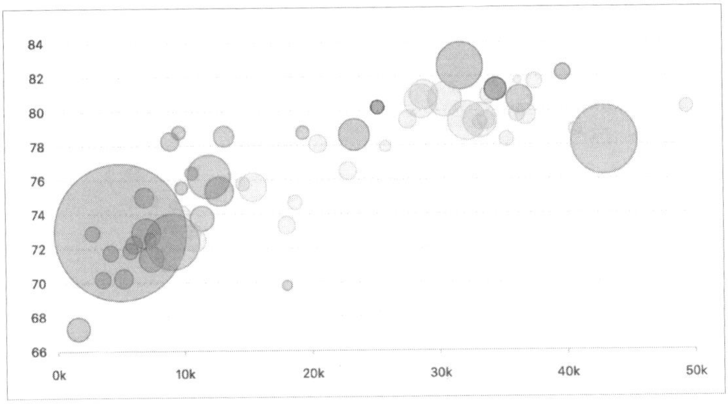

图 9-43 气泡图

◆ 雷达图

雷达图是以从同一点开始的轴上表示的三个或更多个定量变量的二维图表的形式显示多变量数据的图形方法。轴的相对位置和角度通常是无信息的，如图 9-44 所示。

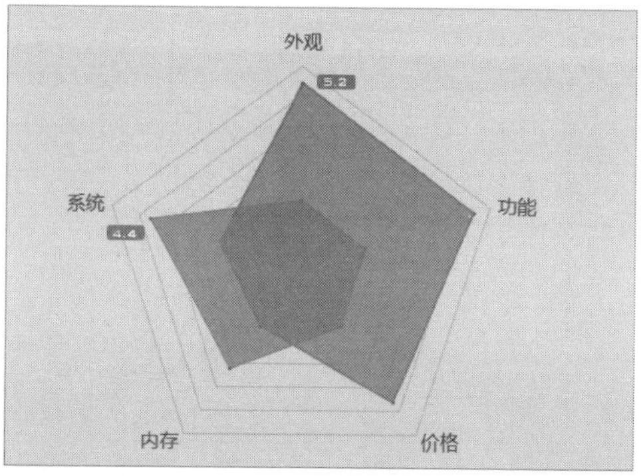

图 9-44　雷达图

9.2.7　用图示增强内容的逻辑关系

通常情况下，用图示的方式表达事物的逻辑关系比文字说明更有利，结构关系也更清晰。因此，制作 PPT 的培训师有必要学会 PPT 中常见的几种逻辑关系图示。

◆ 并列关系图示

并列关系是 PPT 中最常见的一种逻辑关系。在并列关系中，项目之间处于同一层级，没有上下层级之分。有垂直和水平两种并列情况，如图 9-45 所示。

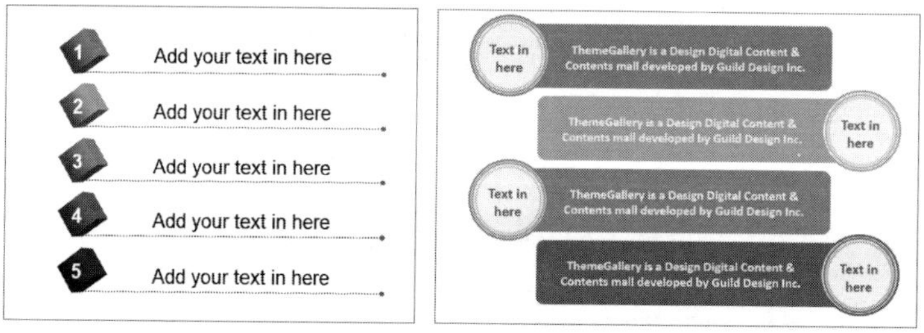

图 9-45　并列关系

◆ 递进关系

递进关系指的是各项目之间在时间或者逻辑有先后的关系，通常我们在表达递进关系时，习惯用数字、时间、线条及箭头等元素来展示。递进关系分为垂直递进和水平递进，如图 9-46 所示。

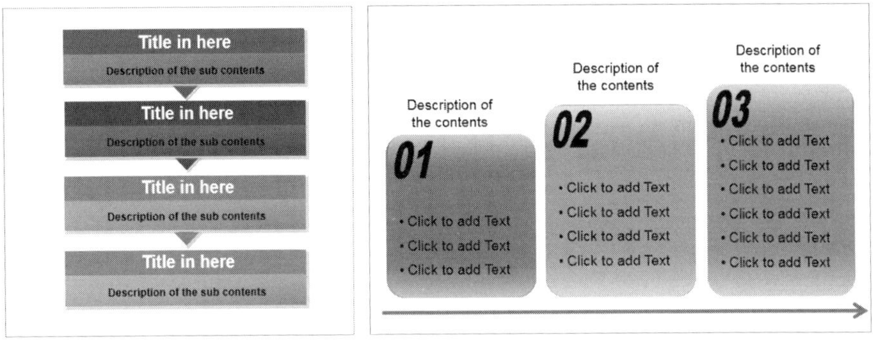

图 9-46　递进关系

◆ 环绕关系

环绕关系通常情况下是并列或总分关系的视觉化表达方式，如图 9-47 所示。

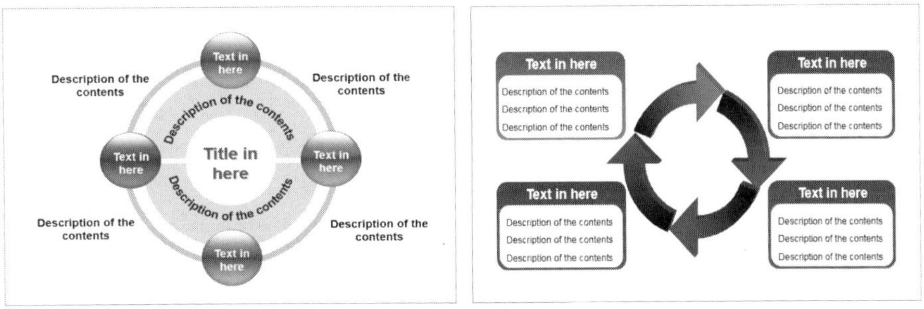

图 9-47　环绕关系

◆ 对比关系

对比关系指在相同的条件下对不同的信息进行对比展示，使结果更突出，更能看出两者的不同，如图 9-48 所示。

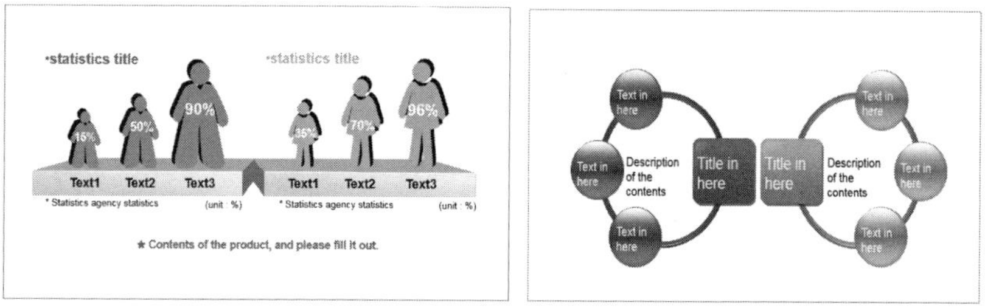

图 9-48　对比关系

◆ 流程关系

流程关系指将信息按照先后顺序进行组合排列，这种关系强调的是时间先后顺序，如图 9-49 所示。

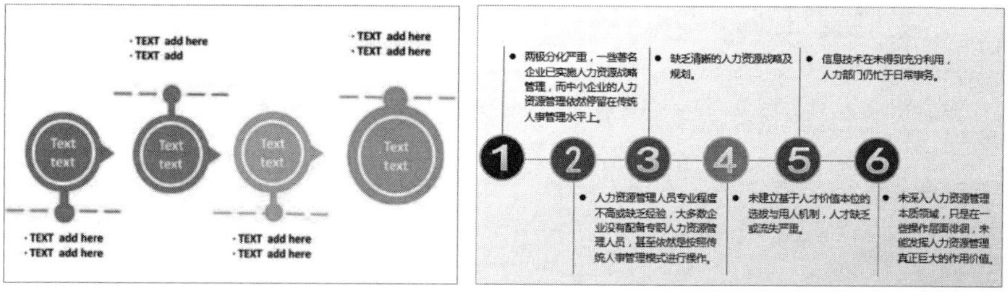

图 9-49　流程关系

◆ 包含关系

包含关系也是属于关系，表示各个事物之间的层级包含的关系，如图 9-50 所示。

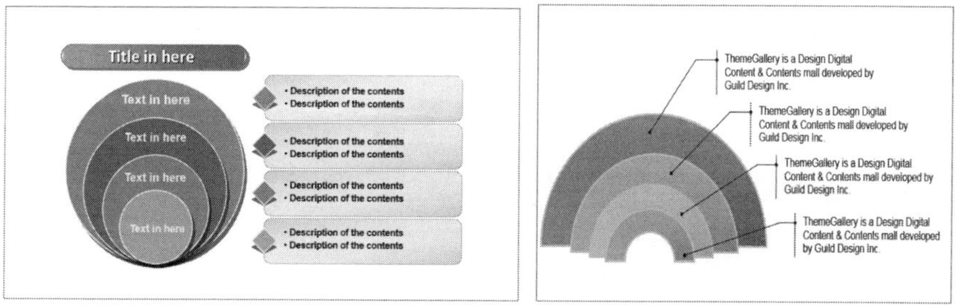

图 9-50　包含关系

◆ 总分关系

总分关系也可以看作层级关系，或者是结构关系，可以是两层或者是多层，如图 9-51 所示。

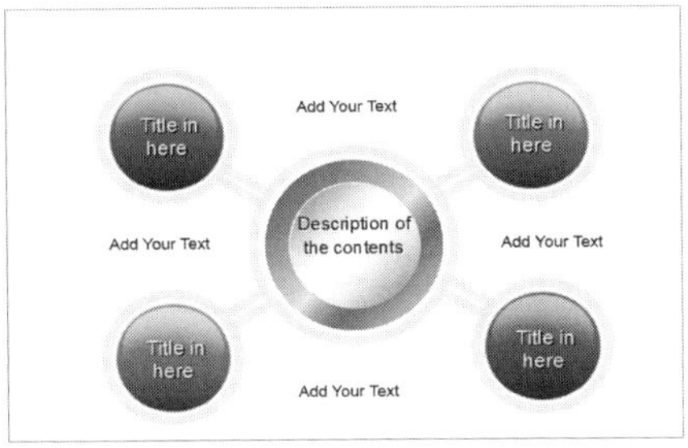

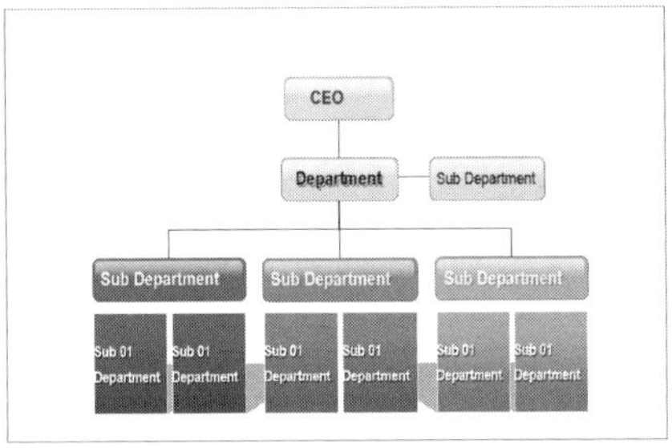

图 9-51 总分关系

9.3 各类软件工具，让培训更简单

在如今这个科技时代，各类的应用软件层出不穷，其中有很多的软件工具都可以直接应用在培训工作中，提升培训师的工作效率，让培训更省时省力，从而大幅度减轻培训师的工作压力。

9.3.1 优芽互动电影，微课情景制作

优芽互动电影是一款在线动画制作平台，只需要在软件中简单地拖、拉、拽即可快速地完成情景动画制作，让原本枯燥乏味的知识通过写实、卡通等多样风格的虚拟场景，声情并茂展示人物活动，用故事呈现知识内容。

优芽互动电影一方面可以丰富课件内容，另一方面也可以帮助培训师更简单轻松地完成备课工作。另外，软件中还可以嵌入趣味游戏试题，丰

富教学内容，提高学生的参与度和积极性。优芽互动电影制作动画课件非常简单，下面我们以具体的实例来介绍。

案例实操

销售话语动作课程制作

进入优芽互动电影首页，单击“制作电影”按钮，如图 9-52 所示。

图 9-52　优芽互动电影

注册账号并登录后，进入新建影片页面，选择一种影片创建方式，也可以选择下面的模板进行创建，这里以空白创建为例进行创建。在影片名称文本框中输入“销售话语技巧”，单击“空白创建”按钮，如图 9-53 所示。

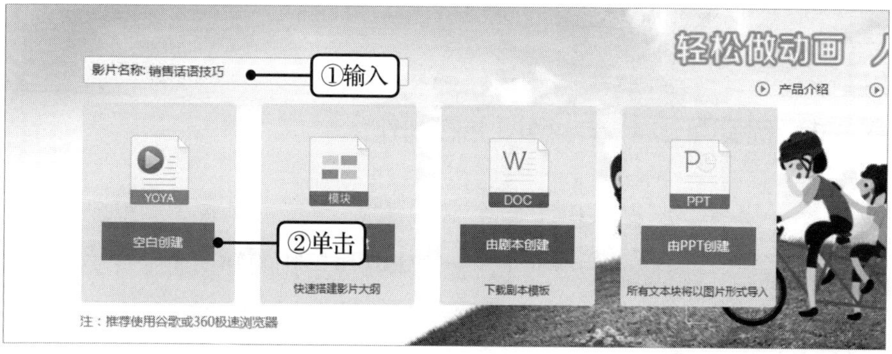

图 9-53　创建影片

进入影片制作界面，第一步选择场景，如图 9-54 所示。

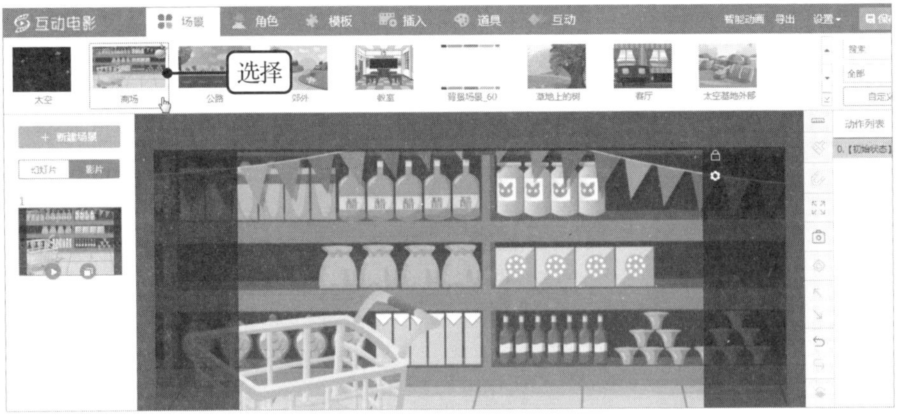

图 9-54 选择场景

第二步，再根据情景需要选择角色。单击页面上的“角色”选项卡，在展开的选项中单击“新增角色”按钮，打开新增角色对话框，选择适合的人物角色，在岗位名称文本框后输入“销售员”，再单击“确定”按钮，如图 9-55 所示。

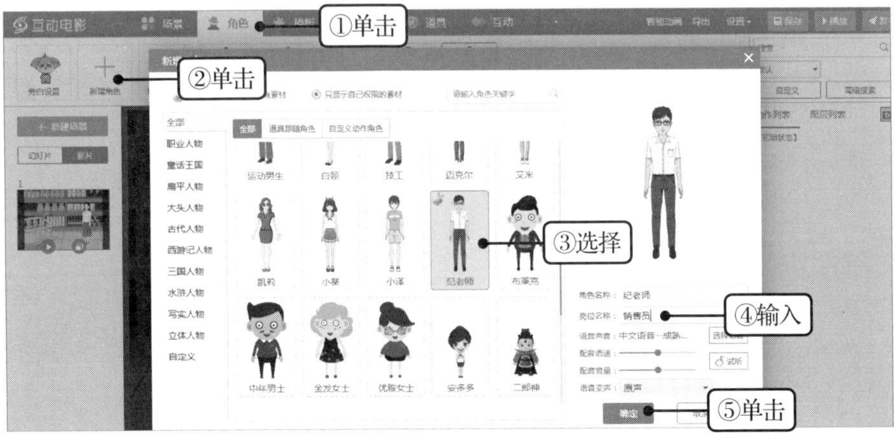

图 9-55 选择角色

再用同样的方法添加另一个客户角色，完成后再为角色增加动作。单击角色，角色上方出现功能按钮，单击“人物”按钮，添加动作，如图 9-56 所示。

图 9-56　单击“人物”按钮

打开选择动作对话框，单击“说话”按钮，如图 9-57 所示。

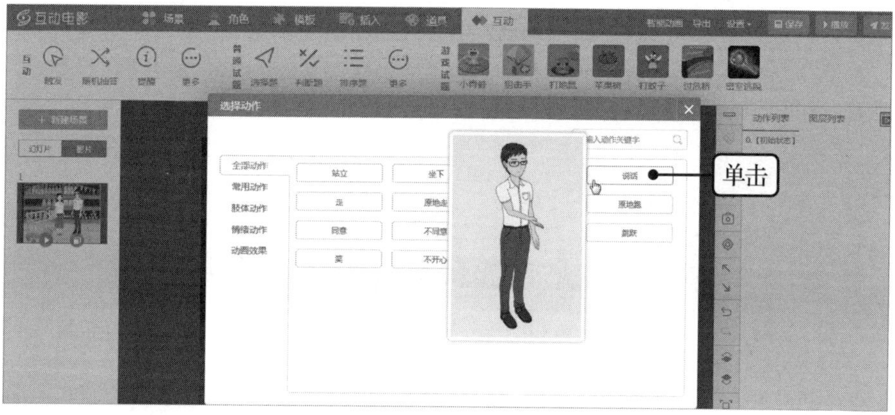

图 9-57　单击“说话”按钮

打开“说话”对话框，在“说话内容”文本框中输入对话内容“我能为您提供什么帮助吗？”，再根据页面提示设置字幕位置和字体，最后单击“确定”按钮，如图 9-58 所示。

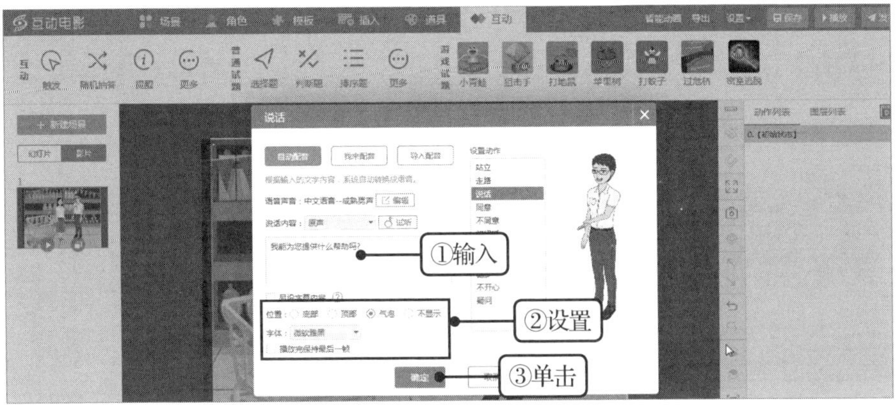

图 9-58　设置说话动作

再用同样的方法对客户添加说话动作和内容，然后点击播放即可完成一个场景的制作，如图 9-59 所示。最后再根据实际需要完善动作和内容即可，操作方法一样，这里不做赘述了。

图 9-59　场景播放

所有场景添加完成后，一个情景动画课件就制作完成了。

9.3.2　ClassIn 在线教室，随时随地展开学习

ClassIn 是一款专业的在线教室教学服务平台，可以通过视频、通信、

云储蓄等技术手段，让学员和培训师在远程获得身临其境的面对面授课体验，打破了传统面对面授课的局限性。

图 9-60 为 ClassIn 在线教室官网首页。

图 9-60　ClassIn 在线教室

ClassIn 在线教室的产品优势主要具有下面几个方面的优势：

- 支持多种教学场景，包括一对一、小班课、大班课、双师课堂、网页大直播以及会场直播等。
- 多路音视频实时同步互动，支持千人以内班容。
- 支持多种互动课件展示，包括 PPT、PDF、图片、音频、视频、Word 扫码上传、拍照上传、自由板书以及生成复习图片等。
- 除了视频教学之外，更具备教学练测评，贯穿教学过程，包括作业提交、课堂笔记、云盘分享、多向屏幕分享、文档协同编辑和 IM 即时通信等。

借助 ClassIn 在线教室，培训师可以随时随地教学辅导、名师组班搭班、互动化教学场景、智慧化教学效果和数据化教学反馈；学员可以随时随地学习场景、接触更多老师课程、个性化教学方案、可视化学习数据和互动化教学场景。

9.3.3　考试酷，轻松完成培训考试

很多培训师都在为培训中或培训后的学员测试焦虑，不知道怎么系统、全面地出题，考试酷则能够轻松解决这一问题。

考试酷是一款专为各类学校和培训机构提供考试的系统，包括自测练习、组织统一考试、开展知识竞赛、布置课外作业或假期作业、智能组卷、答卷评阅与成绩管理等众多功能，也可用于政府机构、企事业单位内部的入职考试、员工考核以及内部培训考试等，非常适合培训师。

进入考试酷官网首页，如图 9-61 所示。

图 9-61　考试酷

在该网站上完成账号注册，注意在身份选择时选择适合的身份，例如培训师、HR 管理者或是老师，这里我们以老师身份注册。

注册完成后进入考试酷主页，如图 9-62 所示，可以在该页面看到考试酷的基本功能。但现在还不能直接录入试卷，需要先在“管理科目”栏目中单击“设置我感兴趣的科目”超链接。

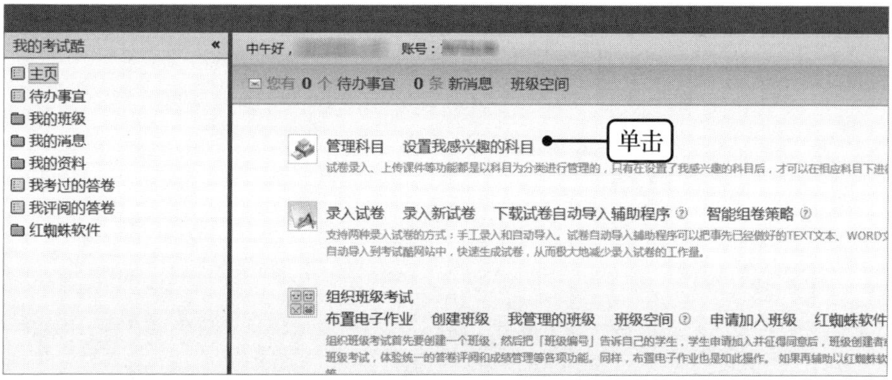

图 9-62 “设置我感兴趣的科目”界面

进入科目设置，按照页面提示选择感兴趣的科目“企事业内部考试类 > 入职”，最后单击“确定”按钮，完成添加，如图 9-63 所示。

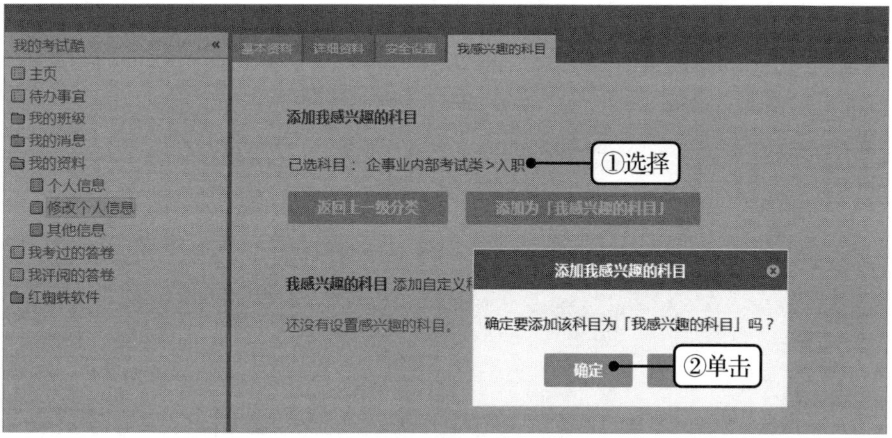

图 9-63 添加科目

页面自动返回至主页，在页面单击“录入新试卷”超链接，随后在打开的对话框中单击“进入”超链接，如图 9-64 所示。

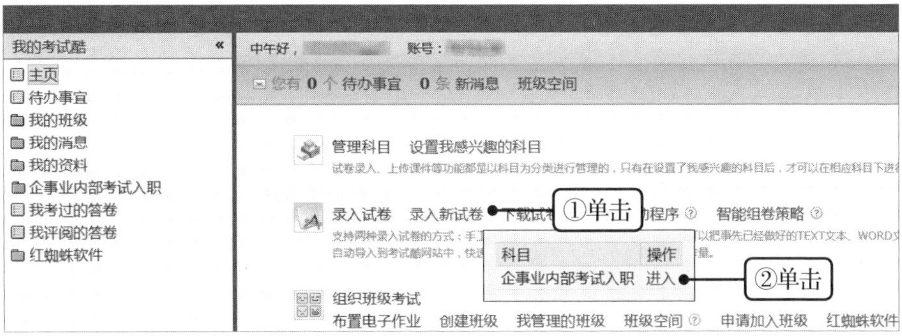

图 9-64　进入试卷录入

进入设置试卷规格页面，根据自己的需要进行设置，选中选项前的单选按钮，再单击“录入新试卷”按钮，如图 9-65 所示。

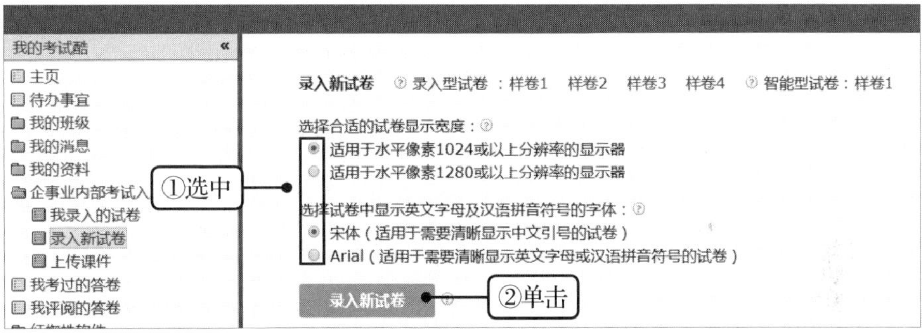

图 9-65　选择试卷格式

进入录入界面，打开试卷编辑器。在试卷名称文本框中输入“新员工入职培训测试”，然后设置答题时间，如图 9-66 所示。

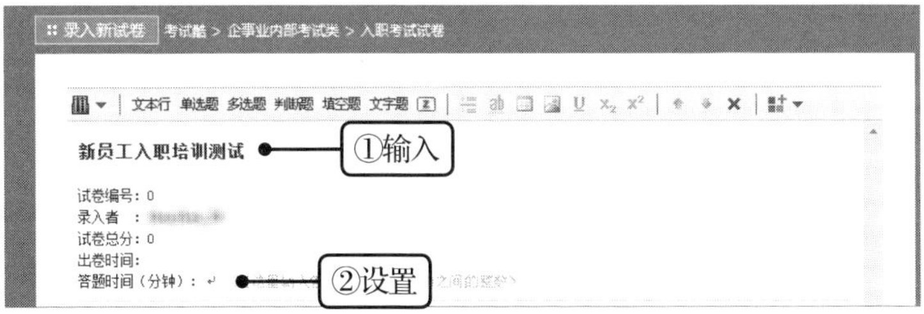

图 9-66　设置试卷基本信息

单击试卷内容文本框，再在上方菜单栏中选择题目类型，这里选择“单选题”，在试卷内容文本框中输入题目内容、参考答案和分数，如图 9–67 所示。

图 9-67　编制试卷内容

然后按照同样的方法，将所有题目添加进来即可。试卷所有题目添加完成后，试卷总分会自动显示。另外，我们也可以随机选题，更方便快捷。最后，将试卷添加到班级里面即可发送给学员进行测试。

9.3.4　ProcessOn，简单快速完成制图

通过前面的学习，我们知道培训师常常需要制作各种思维导图、组织结构图和关系图等。此时，我们可以借助 ProcessOn，它是一款非常强大的在线协作绘图平台，提供了非常简单实用的绘图工具，支持在线创作流程图、思维导图、组织结构图、网络拓扑图、BPMN、UML 图、UI 界面原型设计，操作非常简单，还可以将制作好的图形进行导出。

ProcessOn 非常适合培训师在思路梳理或者知识点整合时运用，图 9–68 为 ProcessOn 官网首页。

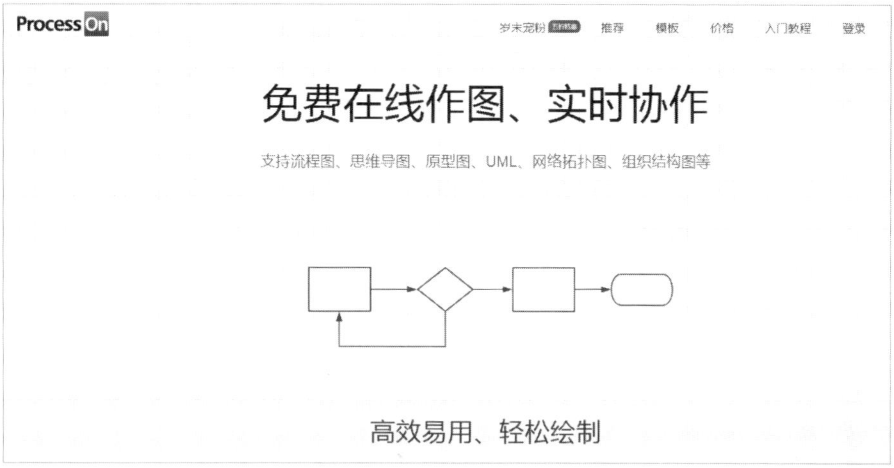

图 9-68　ProcessOn

ProcessOn 操作界面简单易用，可以快速上手。下面我们以思维导图为例介绍如何进行绘制。

案例实操

绘制市场营销管理课程思维导图

进入 ProcessOn，在首页上方单击“模板”超链接进入模板页面。在页面上选择适合的模板，如图 9-69 所示。

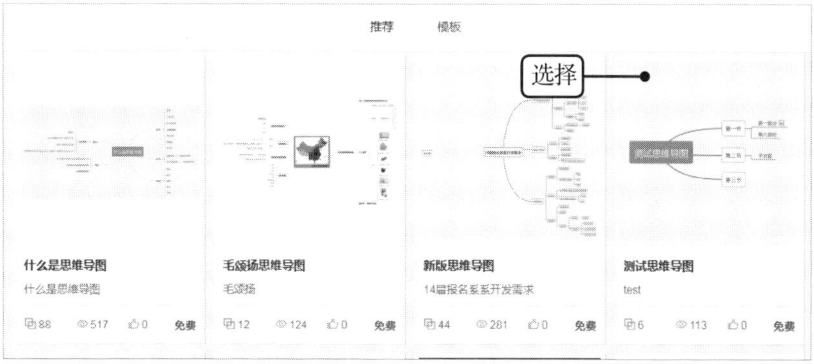

图 9-69　选择模板

进入图形详情页面，单击“立即克隆”按钮，如图 9-70 所示。

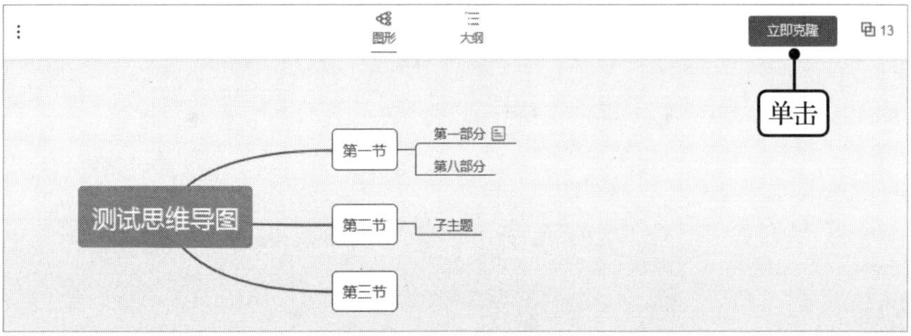

图 9-70　克隆模板

双击文本框输入文字，添加文字内容。当文本框不够时右击文本框，在弹出的快捷菜单中选择添加主题，包括子主题、同级主题或父主题，如图 9-71 所示。当内容添加完成，思维导图便绘制结束。

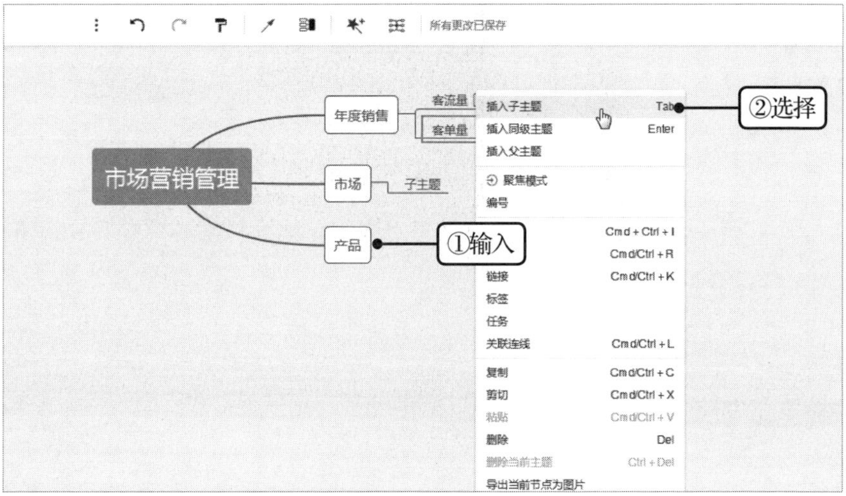

图 9-71　添加内容